czas ciekawy
czas niespokojny

czas ciekawy
czas niespokojny

z
Leszkiem Kołakowskim
rozmawia
Zbigniew Mentzel

Wydawnictwo Znak
Kraków 2007

Projekt okładki
Sylwia Kowalczyk

Fotografie na pierwszej i czwartej stronie okładki
Anna Beata Bohdziewicz

Fotografie na wkładce
archiwum Tamary i Leszka Kołakowskich

Opieka redakcyjna
Elżbieta Kot

Adiustacja
Urszula Horecka

Korekta
Julita Cisowska
Barbara Gąsiorowska

Indeks
Artur Czesak

Projekt typograficzny
Daniel Malak

Łamanie
Agnieszka Szatkowska-Malak

ISBN 978-83-240-0873-5

znak Zamówienia: Dział Handlowy, 30-105 Kraków, ul. Kościuszki 37
Bezpłatna infolinia: 0800-130-082
Zapraszamy do naszej księgarni internetowej: www.znak.com.pl

Leszku, czy pamiętasz, kiedy poprosiłem cię o długą rozmowę?

Chyba to było dawno temu. Ale nie bardzo dawno.

Tak. Nie bardzo dawno. Zaledwie osiemnaście lat minęło od tamtej chwili.

Osiemnaście lat? Niemożliwe!

A jednak. Tylko osiemnaście. W styczniu 1989 roku spotkaliśmy się w Londynie u Janka Chodakowskiego na Nevern Place.

A, u Janka, tak...

Janek był szefem wydawnictwa Puls, które po wprowadzeniu w Polsce stanu wojennego publikowało na Zachodzie książki. To razem z Jankiem wydaliśmy Pochwałę niekonsekwencji *– trzy tomy twoich pism rozproszonych sprzed roku 1968.*

Ty jesteś autorem tego dzieła...

Pamiętam, że tak mówiłeś… Ale jakoś nikt w to nie uwierzył. Pisma są twoje, ja tylko przemyciłem przez granicę maszynopisy.

Dlaczego maszynopisy?

Przecież nie mogłem zabrać z Warszawy tekstów już wydrukowanych. Były rozproszone, a biblioteki, w których je przepisywałem, nie wypożyczały starych roczników czasopism. Po co zresztą miałbym je wypożyczać?

Mógłbyś zrobić kserokopie.

Mógłbym, gdyby mi pozwolono. Jak wiesz, Polska była wtedy Rzeczpospolitą Ludową. Prywatne zakłady świadczące usługi kserograficzne, owszem, istniały, ale żeby w którymś z nich na poczekaniu odbić artykuł z gazety, trzeba było dostać zgodę cenzury i wypełnić szczegółowy druk z pytaniami, jaki użytek chce się z odbitki zrobić. Raz w jednej z bibliotek miejskich zamówiłem kserokopię twego artykułu z tygodnika „Argumenty", ale termin wykonania tej usługi okazał się trzymiesięczny, więc zrezygnowałem.

I co zrobiłeś?

Zastosowałem chiński powielacz.

Co to jest chiński powielacz?

Przepisywanie ręczne. Twój artykuł z „Argumentów" przepisałem w trzy godziny. Potem dałem go do przepisania maszynistce.

Często tak postępowałeś?

Bardzo często. Przecież wydać mieliśmy trzy tomy twoich pism. Maszynopisów było ponad sto. Niektóre liczyły po kilkadziesiąt stron. Całość ważyła ze czternaście kilogramów.

Coś takiego! Aż czternaście kilo głupstw napisałem?

Przemycałem twoje pisma w starym worku żeglarskim pożyczonym od szwagra. No i bardzo się denerwowałem, że na granicy będzie wpadka.

Który to był rok?

Pamiętny rok 1989. Styczeń. Prawie wszystkie teksty, które przemycałem, drukowane były w PRL, ale jak bym to celnikom udowodnił? Przecież wiozłem maszynopisy.

Rozumiem.

Patrzyłem z zapartym tchem, jak worek z naszą kontrabandą sunie do komory, gdzie go będą prześwietlać.

Mogli wszystko skonfiskować.

Dzięki Bogu, nie skonfiskowali. Może celnik akurat mrugnął? Tak czy owak, wydaliśmy w Pulsie twoje pisma. Oczywiście bez wiedzy i zgody autora.

A tak, pamiętam. Adam Michnik do mnie zadzwonił. „Słuchaj – rzecze – zgódź się, żebyśmy bez twojej zgody i wiedzy wydali twoje pisma z późnych lat pięćdziesiątych i sześćdziesiątych".

Zgodziłeś się od razu?

Skądże. „Jakie pisma?" – zapytałem zdumiony. „Wszystkie, których nie ma w żadnych wydaniach książkowych". Zadrżałem. „Wszystkie? Wykluczone!" Ale jako człowiek wierzący w to, co mi powiedzą, postanowiłem, że trzeba dojść do zgody na temat mojej zgody co do wydania bez mojej zgody pism niektórych.

Adam bardzo mnie namawiał do tej pracy. W moim mieszkaniu na Żoliborzu odbyliśmy roboczą naradę. Adam przyszedł ze Stanisławem Handzlikiem, jednym z szefów NSZZ „Solidarność" w Hucie imienia Włodzimierza Lenina, późniejszej Hucie Sendzimira. Pamiętam, że jedliśmy kanapki z serem, a ja próbowałem zagiąć Adama z twojej bibliografii.

Nie istniała żadna moja bibliografia.

Otóż to. Dlatego trzeba ją było jak najszybciej sporządzić. A ja w tej akurat kwestii czułem się wtedy kompetentny. Uwielbiałem czytać i sporządzać bibliografie. No i bardzo chciałem zagiąć Adama.

Udało ci się?

Niestety nie. Wyszliśmy na remis. Pytałem Adama: „Znasz tekst profesora Kołakowskiego o medycynie psychosomatycznej?". „Oczywiście – odpowiadał bez namysłu. – Był drukowa-

ny w »Argumentach« w roku 1964". „A jaki miał tytuł?" – nie dawałem za wygraną. Wytęż wolę, odcięte ucho odrośnie. *„Ucięte ucho" – prostowałem, ale musiałem jego odpowiedź uznać. A potem Adam mnie pytał: „Czytałeś list Leszka do redakcji »Współczesności« w sprawie Sandauera?". „Pewnie, że czytałem. Chodziło między innymi o Borysa Pasternaka. Sandauer oznajmił, że Pasternak dostał Nagrodę Nobla za napisanie kilku zdań krytykujących kolektywizację w ZSRR". „Łatwość, z jaką można, jak widzę, otrzymać Nagrodę Nobla, wydaje mi się kusząca po tym wyjaśnieniu" – pisałeś elegancko.*

Niesłychane! Nic z tego nie pamiętam…

Ale my pamiętaliśmy. Stanisław Handzlik z Huty Lenina patrzył na nas osłupiały i milczał. Nagle powiedział z prawdziwym podziwem: „Jesteście wielkimi erudytami". Dziwnie się poczułem. Bo moja erudycja sprowadzała się do tego, że panowałem nad bibliografią twoich tekstów. I to nie całą, bo tylko do roku 1968. Niektóre teksty z tamtego okresu nigdy zresztą nie były drukowane. Na przykład Faust, *tragedia, którą napisałeś wierszem. Ogłosiliśmy ją w trzecim tomie pism. Wiesz, ja znam twojego* Fausta *na pamięć…*

Niemożliwe.

„Zacna młodzieży, śliczne damy!
Słuchajcie Faustowych przygód,
Zwięźlej i piękniej opisanych,
Niż zrobił Goethe Jan Wilczychód.
A jeśli wzruszyć wam się przyjdzie,
Albo boleścią serce zadrga,

To sobie jeno przypomnijcie,
Że *to* theatrum, *a nie prawda.*
Jeżeli będzie co do śmiechu,
To samo sobie przypomnijcie;
I w ogólności wiedz człowieku,
Że to tragoedia, *a nie życie".*

Jesteś pewien, że ja to napisałem?

Tak. Napisałeś też kilka innych utworów dramatycznych. Niektóre były nawet drukowane w „Dialogu". Ale słynnego eseju
Śmierć bogów, *ostatecznego pożegnania z komunizmem, niestety w PRL nie wydrukowano. To już było życie, nie tragedia.*

Posłałem ten tekst do „Po prostu".

Kiedy?

Chyba na samym początku roku 1956.

Ogłosiliśmy go więc z maszynopisu po trzydziestu trzech latach.

Przypomnij mi, skąd wziąłeś maszynopis.

Z twojego dawnego warszawskiego mieszkania na Senatorskiej.

A, od Rysia Herczyńskiego.

Tak, pan Herczyński, twój przyjaciel, matematyk, pozwolił mi przejrzeć papiery, które tam pozostawiłeś. To też zaaranżował Adam Michnik, za co jestem mu wdzięczny. Swoją drogą, nie-

zły adres miałeś przed wyjazdem z Polski w roku 1968. Ulica Senatorska, róg placu Dzierżyńskiego. Z dokumentów bezpieki wynika, że dla tajniaków, którzy wszędzie za tobą chodzili, byłeś „Senatorem".

Możliwe, że to wymyślono od nazwy ulicy.

Z twojego mieszkania do dzisiaj pamiętam bibliotekę. Gdy tylko wszedłem do środka, rzuciło mi się w oczy kompletne wydanie dzieł Kanta w oryginale.

Nie wiem, czy było kompletne.

Z mieszkania na Senatorskiej wypożyczyłem kilka tekstów. Wszystkie przywiozłem do Londynu, żebyś je przed drukiem przejrzał. Ale najpierw musiałem do ciebie zadzwonić i umówić się na spotkanie.

To miałeś poważny problem.

A żebyś wiedział. Zadzwonić do profesora Leszka Kołakowskiego? Z Warszawy do Oksfordu? Wtedy? Same kłopoty. Po pierwsze, nie miałem pieniędzy, a telefoniczne rozmowy międzynarodowe były bardzo drogie. Po drugie, bałem się podsłuchu. Po trzecie i najważniejsze, bałem się ciebie.

Mnie?

Tak, ciebie. Bałem się, czy w ogóle będziesz chciał ze mną rozmawiać. W końcu zadzwoniłem z siedziby Polskiego Związku Wędkarskiego przy ulicy Krajowej Rady Narodowej.

Dlaczego stamtąd?

Bo w Polskim Związku Wędkarskim miałem znajomego, który pozwolił mi zadzwonić. Prosił tylko, żebym rozmawiał krótko. Kiedy usłyszałem twój głos, byłem tak zdenerwowany, że odezwałem się po angielsku, „Could I speak to professor Kołakowski, please". Odpowiedziałeś mi jednym słowem.

Jakim?

„Speaking", *oczywiście. Pamiętam też, że spytałeś, czym się zajmuję. Znowu nerwy, bo jakoś głupio było mi powiedzieć, że główne zajęcie, któremu się oddaję, to studiowanie twoich wczesnych dzieł. Powiedziałem więc, zgodnie z prawdą, że jestem filologiem i próbuję pisać.*

Napisałeś przedmowę do tych trzech tomów.

Ostatnie poprawki nanosiłem na kwadrans przed naszym spotkaniem. Wziąłeś tekst, a po tygodniu oddałeś mi bez słowa.

Nie mogłem nic powiedzieć, bo mnie chwaliłeś.

Janek Chodakowski pocieszył mnie potem: „Leszek Kołakowski ewidentnie uznał ci przedmowę". Z miejsca zabrałem się do pracy nad redakcją trzech tomów. Niestety, korektę robiliśmy na chybcika. Efekty były opłakane. Pierwsza edycja Pochwały niekonsekwencji *nakładem Pulsu roi się od błędów.*

Wiadomo, w jakich warunkach wydawaliście wtedy książki. Poprawiłeś błędy w drugim wydaniu.

Lwią część ty sam poprawiłeś. Ale i drugie wydanie z roku 2002 jest niewolne od błędów. Trzeba będzie pomyśleć o trzecim. Poprawionym i poszerzonym. Może zgodzisz się, żebym włączył do tej edycji niektóre teksty z lat czterdziestych.

Nie sądzę.

Dlaczego? Przecież nic nie stoi na przeszkodzie. Zmieniliśmy nawet podtytuł całości.

Jaki podtytuł?

Całość, czyli trzy tomy, miała tytuł Pochwała niekonsekwencji. *A podtytuł z pierwszego wydania,* Pisma rozproszone z lat 1955–1968, *zmieniliśmy w wydaniu drugim na* Pisma rozproszone sprzed roku 1968.

Tak jest lepiej.

No właśnie. W Posłowiu do przedmowy *wyjaśniłem, że w przeciwieństwie do roku 1968 rok 1955 nie stanowi w twojej twórczości cezury tak wyraźnej. Wojciech P. Duda, redaktor naczelny kwartalnika „Przegląd Polityczny" wydawanego w Gdańsku przez Fundację Liberałów, napisał o tej uwadze, że mogłaby stać się początkiem poważnej dyskusji o twoim dziele.*

Jest o czym dyskutować?

Jak widzisz, niektórzy wręcz tego potrzebują. Nawiasem mówiąc, nie rozumiem, dlaczego nie zgodziłeś się, żebym przedrukował twój tekst o esperanto.

Ja napisałem tekst o esperanto?

Oczywiście.

Gdzie to było drukowane?

W antologii pod tytułem Esperanto? Wypowiedzi wybitnych polskich intelektualistów.

Kto wydał tę antologię? Może sam ją wymyśliłeś.

Nie umiałbym. Ukazała się w roku 1964 nakładem Polskiego Związku Esperantystów. Pisałeś, że idea Zamenhofa budziła naturalną i spontaniczną sympatię u wszystkich ludzi, którym była bliska „cenna utopia powszechnego braterstwa". Wspomniałeś również, że we wczesnej młodości sam uczyłeś się esperanto i nawet przeczytałeś jedną książkę w tym języku.

Pamiętam. Były to *Dzieje Chrystusa* Papiniego.

Benedykt XVI w swoim Jezusie z Nazaretu *wymienia tę książkę wśród serii „budzących zachwyt dzieł"... Dlaczego więc nie chciałeś przedrukować tekstu o esperanto?*

Bo to nie był żaden tekst. To była wypowiedź, chyba nawet nie przeze mnie spisana. Błaha wypowiedź.

Jestem innego zdania. Może kiedyś się zgodzisz, żebym ją przypomniał. W końcu na tę rozmowę też nie od razu się zgodziłeś. Inna sprawa, że poprosiłem o nią za wcześnie. Osiemnaście lat temu... Wtedy była to zuchwałość z mojej strony.

Niebywała zuchwałość.

Niebywała, zważywszy na to, że przecież nie byłem do rozmowy z tobą przygotowany. Ale wielkodusznie poprosiłeś mnie o pytania na piśmie. Posłałem ci je do Chicago. Było ich ze sto.

Tak, istotnie.

W liście wysłanym z Ameryki piątego czerwca 1990 roku odpowiedziałeś mi, pozwól, że zacytuję: „Niestety, niestety – takich właśnie pytań się obawiałem. Odpowiadam – z przykrością [...] – że nie, nie mogę, przynajmniej nie teraz. Są to pytania, na które nikomu nie potrafiłbym odpowiedzieć, bo czułbym się jak nagi, a do tego trędowaty. Być może kiedyś taki czas przyjdzie". Przyszedł?

To zależy, o czym chcesz rozmawiać.

O tobie. O twoim światopoglądzie. O twoim życiu codziennym. O ciekawym czasie, którego jesteśmy świadkami, a który ty wyprzedzasz.

Ja wyprzedzam czas?

Takie mam głębokie przekonanie.

Co to w ogóle znaczy: wyprzedzać czas?

Mam nadzieję, że o tym pomówimy.

Krótko mówiąc, chcesz rozmawiać o wszystkim. Wykluczone! O wszystkim rozmawiać nie możemy.

Jakie tematy będą tabu?

Co najmniej dwa. Nie będziemy rozmawiać o moich Rodzicach. Jestem bardzo przywiązany do bliskich Zmarłych.

A drugi temat?

Nie chcę rozmawiać o tym, kto z kim spał.

A poza tym wolno mi pytać o wszystko?

Pytaj. Zobaczymy.

Kim jesteś?

Oto jest pytanie... Kipling napisał powieść pod tytułem *Kim*. Bohater, syn żołnierza i służącej, Anglik wychowywany przez indyjskiego lamę, zastanawia się, kim jest Kim. Sobą, oczywiście, ale kim w istocie?

Może lepiej pytać, czym jest Kim?

Tak, pytanie o to, czym się jest, bardziej mi odpowiada.

„Panie! czymże ja jestem przed Twoim obliczem? –
Prochem i niczem;
Ale gdym Tobie moję nicość wyspowiadał,
Ja, proch, będę z Panem gadał".

Tak wieszcz mówi. Cytujesz *Dziady* Mickiewicza. Słowa Księdza Piotra.

Czymże więc jesteś?

Nie ja będę na to odpowiadał.

Zatem ja spróbuję. Jesteś Leszkiem Kołakowskim, synem Jerzego i Lucyny z domu Pietrusiewicz. Urodziłeś się dwudziestego trzeciego października 1927 roku w Radomiu.

To mój środek świata. Radom, czyli Kielecczyzna, na co Radomiacy trochę się boczą. Ziemia uboga i bogata. Kartofliska, na których żyły polska kultura, polski język. Ziemia Jana Kochanowskiego i Stefana Żeromskiego.

Kiedy po sześćdziesięciu sześciu latach od twojego urodzenia Rada Miejska w Radomiu nadawała ci honorowe obywatelstwo Radomia, prezydent Wojciech Gęsiak wspomniał, że o tytuł ojczystego miasta Homera ubiegało się siedem miast. „Na szczęście – powiedział prezydent – miejsce Pańskich urodzin, Panie Profesorze, jest bezsporne. Szczycimy się Panem".

To ja się czuję zaszczycony takim wyróżnieniem. Mam z tego tytułu rozmaite przywileje. Agnieszka, moja córka, twierdzi, że mogę przepędzać stada baranów przez rynek i nie płacić myta na rogatkach miasta.

Urodziłeś się jako zodiakalny Skorpion. Przykładałeś do tego wagę?

Nie, ale wiedziałem, że coś takiego istnieje, i nawet kiedyś czytywałem horoskopy, nie bardzo w nie wierząc, oczywiście.

Różni mędrcy wierzyli… Na przykład Goethe utrzymywał, że pomyślny układ planet stał się przyczyną jego ocalenia, gdy skutkiem nieuwagi położnej przyszedł na świat bez życia.

Przywiązanie ludzi do jakichś form gwiezdnych wydaje mi się czymś naturalnym. Zależności różne we wszechświecie są dziwne i my ich nie znamy, albo znamy bardzo niewiele. Nic nie jest niemożliwe, związki życia ludzkiego z astrologicznymi zjawiskami również, wcale tego nie wykluczam i nie uważam za absurdalne, chociaż nie mam na ten temat żadnej wiedzy.

Czy wiesz, dlaczego na chrzcie świętym rodzice dali ci imię Leszek?

Nie byłem ochrzczony. Mój ojciec uważał, że chrzest dzieci jest niewłaściwy. Miał pod tym względem przekonania podobne jak anabaptyści. Człowiek może się ochrzcić, kiedy jest już starszy, z własnej woli.

A skąd imię Leszek?

Nie wiem. Prawdopodobnie stąd, że to imię czysto polskie.

Jak głęboko sięgasz pamięcią?

Do trzeciego roku życia, mniej więcej. Pierwsze moje wspomnienia – urywkowe, ułamkowe – pochodzą z tamtego czasu. Są jakieś fotografie, nawet wcześniejsze, na których jestem dwulatkiem i – jak później napisałem na jednej – mam optymistyczny pogląd na świat. Ale odkąd pamiętam, wydawało mi się, że świat jest smutny.

Smutny?

Tak. Właściwie zawsze miałem takie poczucie. Świat jest smutny.

Mówiłeś nieraz, że być dzieckiem poniżej lat pięciu w rodzinie, w której to dziecko jest kochane i nic złego się nie dzieje, to jedyny sposób na szczęście, jaki ludzkość wymyśliła. Nie skorzystałeś z tego sposobu?

Nie, nie skorzystałem. Kiedy miałem trzy lata, umarła moja matka.

Chorowała?

Miała raka nerek. Wtedy bardzo niewiele osób dawało się z tej choroby uratować. Zmarła w szpitalu. Nie chcę o tym mówić.

Twoja matka była nauczycielką?

Tak, ale przypuszczam, że niedługo pracowała. Zdaje się, że zaczynała uczyć w Kozienicach, na Kielecczyźnie. Wcześniej studiowała na Uniwersytecie Warszawskim polonistykę.

Czy twoi rodzice pochodzili z Kielecczyzny?

Nie. Mój ojciec urodził się w Sankt Petersburgu. Był zupełnie dwujęzyczny. Jego losy nie są mi dobrze znane. Skąd się wziął w Radomiu, tego właściwie nie wiem.

A w Sankt Petersburgu?

Jego rodzice tam widocznie mieszkali. Jego dziadek, Adam, był zesłańcem po powstaniu styczniowym 1863 roku. A jego ojciec, Paweł, urodził się już w Rosji.

Poznałeś swoich dziadków?

Tylko moją babcię ze strony matki. Babcia umarła, mając lat prawie dziewięćdziesiąt, w 1954 roku. Wychowywałem się u babci i ciotki, lekarki. To była córka tejże babci, siostra mojej matki.

Kogo jeszcze pamiętasz z rodziny?

Wuja, Wiktora Pietrusiewicza, brata matki. Ogromnie go lubiłem. To był jeden z najlepszych ludzi, jakich znałem. Niesłychanie uczynny, dobry, odpowiedzialny. Był legionistą, piłsudczykiem. Pamiętam, jak pewnego dnia rano przyszedł do nas z wiadomością, że Piłsudski nie żyje.

Czym się wuj zajmował?

Był prezydentem Radomia.

To chyba przyjemnie mieć wuja prezydenta miasta, w którym się mieszka.

Nie miałem żadnych przywilejów z tego tytułu. Ale byłem z wuja Wiktora dumny. Słyszałem, jeszcze będąc dzieckiem, że miał doskonałą reputację jako administrator i cieszył się respektem. Wiosną 1943 roku Niemcy wywieźli go z jego synem Witoldem do Oświęcimia. Przeżyli to piekło, nie wiem jak. Witold, mój brat cioteczny, bardzo dobrze mówił po niemiecku, może to pomogło... Wuj miał troje dzieci, obaj jego synowie już nie żyją, córka mieszka teraz w Gdańsku. Ma tam syna, który wykłada ekonomię. On z kolei ma dwoje dzieci. Jego córka Ewa odwiedziła nas niedawno, będąc w Anglii na stypendium.

Twój ojciec, Jerzy Kołakowski, jako pedagog i publicysta też był chyba w Radomiu znaną postacią.

Nie jestem pewien, czy tak można powiedzieć. Pisywał pod pseudonimem Jerzy Karon.

Wiesz, skąd wziął się ten pseudonim?

Wiem. Ale ojciec nie lubił o tym mówić. Więc i ja nie będę. Nie potrafiłbym wyliczyć jego prac. Nie wiem nawet, czy jeszcze gdzieś się zachowały.

W Bibliotece Narodowej znalazłem cztery tytuły. Między innymi „monografię społeczną" o działalności kulturalno-oświatowej w Radomiu. Najbardziej zaciekawiła mnie rozprawka Rola wychowawcy w samorządzie młodzieży, *a w niej rozważania o autorytecie. Czym jest autorytet? Jak się go zdobywa? Narzucając własne opinie i zmuszając do posłuchu? Autor stawia sprawę jasno. Wymuszanie posłuszeństwa nie tworzy autorytetu. Autorytet, inaczej niż zwierzchnik w wojsku, musi być uznany dobrowolnie. Czy ojciec był dla ciebie autorytetem?*

Jak pamiętam, niczego mi nie narzucał. Mój ojciec – można chyba tak powiedzieć – był wolnomyślicielem, przekonania miał lewicowe. Jeśli trafiały do mnie już we wczesnym dzieciństwie, było w tym coś naturalnego. Po prostu rozmaite jego uwagi i przypadkowe spostrzeżenia do tego się przyczyniały. Ojciec nie dawał mi wykładów, nie prowadził żadnej doktrynalnej akcji.

Podobno jako małe dziecko byłeś bardzo zasadniczy.

Dlaczego tak uważasz?

Bo przypomniałem sobie anegdotę o popiersiu Napoleona, które w gniewie potłukłeś.

Tak, to była gipsowa figurka. Wygrałem ją na loterii fantowej w Radomiu. Miałem wtedy może sześć lat. I nic nie wiedziałem o Napoleonie. Ale potem powiedziano mi, że to był zły człowiek, który straszne rzezie ma na sumieniu, mnóstwo krwi przelał. To mi się bardzo nie spodobało.

I ze złości Napoleona potłukłeś.

Tak.

Czego najbardziej bałeś się w dzieciństwie? Czy było coś, co cię przerażało?

Pewnie było, ale nie do tego stopnia, żebym taki lęk zachował długo w pamięci. Był w dzieciństwie krótki okres, kiedy bardzo bałem się deszczu. Myślałem, że nas zaleje i się potopimy.

Skojarzenie z biblijnym potopem?

Nie, najprawdopodobniej było to po prostu jakieś nerwicowe schorzenie, coś takiego.

A pamiętasz jakieś zakazy, które cię dotyczyły?

Nic nadzwyczajnego. Nie pamiętam, aby czegoś mi szczególnie zabraniano. Pamiętam natomiast, że nie zdarzyło się nigdy – nigdy, ani razu! – żeby ktoś ze starszych w rodzinie mnie uderzył. To coś w ogóle niemożliwego, nie do pomyślenia. Było oczywiste, że tego się nie robi. Nie ma takiej potrzeby. A przecież bicie dzieci było wtedy takie pospolite.

W szkołach stosowano kary cielesne?

Nie w tych szkołach, do których ja chodziłem. Owszem, były rozmaite kary – za karę zostawiano kogoś po lekcjach, żeby siedział niby jako więzień parę godzin, ale nie pamiętam wypadku, żeby bito dzieci w klasie czy poza klasą w szkole. Raz jeden, nauczyciel rysunków mnie uderzył w rękę, nic takiego, no, bo coś tam źle zrobiłem.

Sartre pisze w Słowach, *że jako dziecko miał w domu puszkę kakao z etykietą, na której mały chłopiec trzyma w ręku puszkę kakao z etykietą, na której mały chłopiec trzyma w ręku puszkę kakao… i tak dalej. Ta puszka była dla niego odkryciem nieskończoności, pierwszym spotkaniem z problemem filozoficznym. Czy w dzieciństwie miałeś taką swoją puszkę?*

Nie miałem puszki kakao, chociaż pić kakao lubiłem.

No, to może znalazłeś coś innego, dzięki czemu odkrywałeś zagadkową rzeczywistość.

Interesowały mnie przewody.

Przewody?

Tak, przewody elektryczne wiszące w powietrzu. Mówiono mi, że przez nie płynie prąd, który może zabić, tak jest niebezpieczny. Gdy widziałem wróble, które na przewodach siadały, ciekawiło mnie, dlaczego prąd ich nie zabija. Ciekawiły mnie też bardzo napisy na szyldach, pięć lat miałem chyba, kiedy nauczyłem się czytać.

Pierwsza przeczytana książka?

Pewnie był to Makuszyński, *Przygody Koziołka Matołka*. Ktoś mi je kupił parę lat temu w tym wydaniu z ilustracjami Walentynowicza, które pamiętam. Nie jest to oczywiście wielka epopeja ani wspaniały poemat, ale to rzecz dla dzieci dobra. Jak w wielu bajkach, nie ma tam nic niemożliwego i jest dużo humoru, który dzieci rozumieją.

Tadeusz Różewicz powiedział niedawno, że dzięki odpowiedniej promocji Koziołek Matołek *mógłby być na świecie większym bestsellerem niż* Harry Potter.

Trudno wyrokować. To, co powoduje wielką popularność, bywa zwykle zjawiskiem nieprzewidywalnym. Książek o Harrym Potterze nie czytałem, ale byłem w kinie na filmie o nim i nie umiem powiedzieć, co właściwie zdecydowało, że aż takie tłumy przyciąga.

Lubiłeś baśnie? Na przykład baśnie braci Grimm?

Nie bardzo lubiłem, bo wydawały mi się okrutne.

One są okrutne.

Chyba tak. Są. Wolałem baśnie Andersena. Ale słabo je pamiętam. *Królowa śniegu*, to sobie przypominam.

Miałeś w dzieciństwie ulubiony mit grecki?

Przejął mnie mit o Prometeuszu. Ale nie żądaj, abym tłumaczył dlaczego, bo nie pamiętam.

A los Syzyfa cię przejmował?

Owszem, też.

Lubiłeś Heraklesa?

Nie, Herakles mało mnie obchodził. Te jego dwanaście prac, czyszczenie stajni Augiasza, owszem, to może robić pewne wrażenie, ale jakoś nie pamiętam, żebym się tym przejmował. Oczywiście, w dzieciństwie nie wiedziałem o wielkim wyczynie Heraklesa, jakim było to, że jednym ciągiem zapłodnił dwanaście dziewic.

Czy książki czytane przez ciebie w dzieciństwie miały jakichś bohaterów, z którymi się utożsamiałeś?

Czytałem w dzieciństwie dużo, ale prawdziwych bohaterów mało miałem. Poruszały mnie emocjonalnie raczej książki o ludziach biednych i bezradnych, a nie opowieści o nieustraszonych wojakach. Takim emocjonalnie poruszającym bohaterem był dla dzieci na przykład Nemeczek z *Chłopców z Placu Broni* Molnára, jedyny szeregowiec w armii złożonej poza tym z generałów i marszałków.

Czy w Radomiu miałeś poczucie prowincjonalności? Wyrywałeś się do innego, ciekawszego świata?

Nie, o ile pamiętam, absolutnie nie miałem takiego poczucia. Z Radomia pojechałem raz jeden z wycieczką szkolną do Częstochowy. Zwiedzaliśmy klasztor na Jasnej Górze. Kupiłem tam za pięć groszy krzyżyk, który dałem potem mojej babci, bardzo pobożnej osobie. I ten krzyżyk jeszcze jest.

Ojciec zgodził się, żebyś pojechał na Jasną Górę?

Nie robił z tego problemu. To była wycieczka szkolna.

A bywałeś przed wojną w Warszawie?

Owszem, byłem dwa, może trzy razy. W Warszawie mieszkali moi krewni, ciotka Helena z mężem i dwojgiem dzieci. Syn ich, Mirek Kluźniak, mój równolatek, był po wojnie dziennikarzem, zmarł niedawno. Pamiętam, że raz nawet pojechałem do Warszawy sam i z powodu jakiegoś nieporozumienia nikt na dworcu na mnie nie czekał. Miałem wtedy dziewięć lat chyba i byłem tak niesłychanie dzielny, że sam dotarłem do krewnych na Żoliborz.

Dawano ci dużą swobodę? Popychano ku samodzielności?

Można tak powiedzieć.

Miewałeś w dzieciństwie poczucie nudy?

Odkąd nauczyłem się czytać – na pewno nie.

A pamiętasz pierwszy dom, w którym mieszkałeś? Jaki miałeś widok z okna?

Mieszkałem w domu przy ulicy Piaski, którą później – po zamordowaniu w 1934 roku Bronisława Pierackiego, ministra spraw wewnętrznych – przemianowano na ulicę Pierackiego. Widok z okna był na podwórko, bardzo zwyczajne, ubogie. Byłem niedawno w tym miejscu i przypuszczam, że wygląda tak samo jak kiedyś.

Jakim miastem był Radom w czasach twojego dzieciństwa?

Nie mogę powiedzieć, że znałem to miasto naprawdę, chociaż rozpoznaję pewne ulice i widoki, które z dawnych czasów pamiętam. Szkoła, do której chodziłem przez trzy lata, była na ulicy Żeromskiego, ale radomianie uporczywie nazywali ją Lubelską, bo tak się kiedyś nazywała. Radom to było dosyć ubogie miasto. Miasto robotnicze z dużym przemysłem garbarskim, zakładami metalowymi, fabryką zbrojeniową. Pamiętam dużą demonstrację robotniczą, która szła środkiem ulicy, i pełno przerażonych kobiet chowających się z dziećmi po domach.

Kto organizował tę demonstrację?

Przypuszczam, że pepeesowcy. Radom to było miasto pepeesowskie przecież – jeden z głównych ośrodków tego ruchu.

Czy twój ojciec należał do PPS?

Nie sądzę, żeby był członkiem partii, ale z pewnością miał tam wielu przyjaciół, podobnie zresztą jak wśród komunistów. Przypomniałem sobie tamtą demonstrację, bo zrobiła na mnie wtedy silne wrażenie. Nie żyliśmy w żadnej zamożności, ale przecież, w przedwojennych czasach, nie znałem problemu, że nie będzie się w co ubrać i nie będzie co jeść. Jednak biedę i bezradność ludzką zauważałem od dziecka. Uderzała mnie jakoś szczególnie. Pamiętam, któregoś dnia zobaczyłem na naszej ulicy żebraka z czapką w wyciągniętej ręce. Nie był to typowy żebrak. Najprawdopodobniej był to bezrobotny albo robotnik, który stracił niedawno pracę. Nie wiem, dlaczego wyjątkowo dobrze zapamiętałem jego twarz i jego wzrok. W oczach miał prawdziwą rozpacz, pomieszaną ze wstydem. Widać było, że ten człowiek wstydzi się okropnie, ale stoi na ulicy i wyciąga czapkę, bo ma pewnie dzieci na utrzymaniu.

W Łodzi, do której się przeniosłeś, też chyba widziałeś na co dzień biedę.

Oczywiście. To też było miasto robotnicze, ubogie. Ale nie pamiętam jakichś szczególnych wydarzeń z tym związanych. Mieszkałem na Chojnach, u ciotki lekarki, to było osiedle inteligenckie z domami ZUS. Ciotka pracowała w ubezpieczalni, przyjmowała tam chorych całymi dniami.

Gdzie chodziłeś do szkoły?

Z pierwszej łódzkiej szkoły, do której mnie posłano, już po paru dniach zostałem wyrzucony. Pamiętam, że na pierwszej lekcji nauczycielka po kolei pytała wszystkich o personalia, między innymi o wyznanie. Byli tam, oprócz katolików, oczywiście żydzi, a nawet luteranie niemieckiego pochodzenia. Kiedy przyszła kolej na mnie, powiedziałem: „A ja jestem bezwyznaniowy".

Użyłeś tego słowa?

Tak, użyłem tego słowa. Nauczycielka bardzo się rozgniewała i zaczęła na mnie krzyczeć: „Patrzcie no, coś podobnego, wszyscy ludzie mają swoją religię, nawet Żydzi mają, a tu znalazł się taki filozof, co powiada, że jest bezwyznaniowy!". No i wyrzucili mnie z tej szkoły natychmiast, a ponieważ rok szkolny już się zaczął, szybko posłano mnie do szkoły prywatnej dla dziewcząt. Bardzo dziwnie się czułem, bo prócz mnie tylko dwóch tam jeszcze chłopców było. Cały rok spędziłem wśród dziewcząt. Potem przeniesiono mnie do jeszcze innej szkoły. Tam z kolei chodzili sami chłopcy i ta szkoła, imienia księdza Skorupki, była bardzo dobra, tak ją zapamiętałem. To była normalna szkoła, do której jeździłem tramwajem z Chojen. Czego się tam nauczyłem, to nie wiem, bardzo dużo pewnie się nie nauczyłem, to były dwie ostatnie klasy szkoły powszechnej i ostatnie dwa lata, kiedy szkoły przed wojną w ogóle istniały. Całkiem niedawno szkoła, do której chodziłem w Radomiu, obchodziła jubileusz i nawet mnie zaprosili, ale nie mogłem pojechać, tylko napisałem list odczytany podczas uroczystości. Wspominam tam różnych kolegów i koleżanki. Napisałem między innymi, że pamiętam takiego kolegę, który się nazywał Maniuś Ciemięgo i umarł w dzieciństwie, a ja wspominam o tym, bo prawdopodobnie już nikt na świecie nie wie, że istniał chłopiec o takim imieniu i nazwisku. Maniuś Ciemięgo...

Pamiętasz swoich nauczycieli?

Tak, najlepiej pana Idzikowskiego, który uczył nas matematyki i historii. Wtedy, w szkole powszechnej matematyka nie bardzo mnie jeszcze interesowała, ale później tak. Pamiętam też panią Kappesową, która po wojnie wykładała bizantynistykę na Uniwersytecie Łódzkim. I nauczyciela rysunków, pana Wegnera, który był malarzem kubistą. W muzeum w Łodzi wisiały jakieś jego kubistyczne obrazy.

Dobrze rysowałeś?

Przypuszczam, że miernie.

Uczono was języków obcych?

Pod koniec drugiej klasy, pamiętam, przychodził jakiś młody człowiek i coś mówił nam po angielsku. Ale to nie była prawdziwa nauka języka obcego.

Czy w latach trzydziestych szkoły powszechne miały jakiś ideał wychowywania młodego Polaka?

Myślę, że starano się nas wychowywać w duchu patriotycznym, dzieci były przyuczane, żeby Polskę kochać. Częste były akademie czy przedstawienia, w których braliśmy udział. Pamiętam, w jednym przedstawieniu grałem nawet rolę prezydenta Mościckiego. Oczywiście, uczono nas mnóstwa wierszy patriotycznych, a także piosenek. Na kilka miesięcy przed wybuchem wojny śpiewaliśmy piosenkę o Rydzu-Śmigłym:

„Marszałek Śmigły Rydz,
Nasz drogi dzielny wódz,
Pójdziemy razem z nim
Najeźdźców tłuc.
Nikt nam nie zrobi nic,
Nikt nam nie weźmie nic,
Bo z nami Śmigły, Śmigły, Śmigły Rydz!".

I jeszcze był refren: „Sam Komendant nam go na wodza dał".

A znałeś czwartą zwrotkę hymnu narodowego?

„Już tam ojciec do swej Basi mówi zapłakany..."?

Nie, tę, która się zaczyna: „Moskal Polski nie zdobędzie...".

„... Gdy jąwszy pałasza,
Hasłem naszym wolność będzie
I ojczyzna nasza".

Czy ta edukacja patriotyczna nie wydawała ci się naiwna, natrętna, irytująca?

Nie. Uważałem ją za rzecz normalną. Nie buntowałem się. Nie byłem żadnym buntownikiem w szkole.

Na religię jednak chyba nie chodziłeś? Przecież byłeś bezwyznaniowy.

Nie chodziłem. Ale nie miałem z tego powodu żadnych przykrości. Problem, owszem, byłby z maturą. W przedwojennych czasach na świadectwie maturalnym wymagany był stopień z religii. Więc nie mógłbym dostać matury przed wojną. Ale w stosunkach z kolegami w niczym mi to nie przeszkadzało. Nie pamiętam żadnych konfliktów. Oczywiście, miałem wielu kolegów Żydów. Między innymi w tej szkole dla dziewcząt, do której rok chodziłem, dwaj jedyni moi koledzy byli Żydami. Nawet pamiętam ich nazwiska: jeden nazywał się Jurek Jedwab, a drugi Jurek Lebenson. Bardzo byłem z nimi zaprzyjaźniony. I bardzo mnie gniewało, kiedy ktoś o Żydach mówił w pogardliwy sposób. Zdarzało się, że nie tylko dorośli, ale także dzieci, które od dorosłych się nauczyły, powtarzały: „Bić Żyda!", „Żyd to komunista!" albo coś w tym rodzaju. Nie znosiłem tego.

W Radomiu przed wojną było trzydzieści tysięcy Żydów, jedna trzecia mieszkańców. Czy jako dziecko często stykałeś się z przejawami antysemityzmu?

Wiele razy, niestety. Nie widziałem wprawdzie przed wojną pogromów czy mordów, ale sceny, które rozegrały się na moich oczach, choć bezkrwawe, były wystarczająco wymowne w swojej ohydzie. Pamiętam na przykład, jak na pocztę przyszedł młody Żyd i zdjął czapkę, pod którą miał jarmułkę. Kiedy zbliżył się do okienka, jakiś mężczyzna z całej siły rąbnął go w głowę, żeby tę jarmułkę strącić. Zaczął krzyczeć, że na poczcie wisi nasze godło państwowe, które Żyd znieważa... Nie znoszę antysemitów. Brednie, które potrafią wygadywać – pomijam śmiercionośne oskarżanie Żydów o mordy rytualne – bywają zadziwiające. Jako jedenastoletni chłopiec usłyszałem na wsi od innego chłopca, że Żydzi nie mogą widzieć słońca. Kiedy go zapytałem, dlaczego w takim razie noszą czasem okulary przeciwsłoneczne, odpowiedział: „Oni tak udają...". W Łodzi trzech moich kolegów ze szkoły dobrowolnie wstąpiło do Wehrmachtu. Dwaj byli niemieckiego pochodzenia, a jeden nie. To niezwykły przypadek – on miał ojca komunistę, ale w sposób, którego nie umiem wprost opisać, spodobała mu się ideologia hitlerowska. Zginął gdzieś, w niemieckim mundurze.

Czy w Łodzi, gdy mieszkałeś u ciotki, był też twój ojciec?

Był. Ale nie pamiętam, czym się tam właściwie zajmował. Wiem, że miał kontakty ze spółdzielcami, bo bardzo się zaangażował w ruch spółdzielczy, a także w ruch oświatowy. Chodził nawet do więzień, gdzie starszą młodzież nauczał. Ale nie znam żadnych szczegółów.

Jan Józef Lipski wspominał, że przyjacielem twojego ojca był wtedy nestor polskiego ruchu spółdzielczego Jan Wolski.

Tak, pamiętam go z czasów okupacji. Po wojnie jeszcze raz czy drugi go spotkałem. To był człowiek bardzo szlachetny i dzielny. Znany mason.

Czy miałeś jakieś związki z harcerstwem?

Nigdy. Nie byłem harcerzem i nie miałem na to żadnej ochoty. Po pierwsze dlatego, że od dziecka bardzo nie lubiłem chodzić w mundurze. Mam do tego niechęć także teraz. Nawet w smokingu nie lubię chodzić, a w Oksfordzie czasem, na szczęście rzadko, zdarza się, że trzeba. Jak na harcerza byłem też za mało sprawny. Właściwie bez przerwy chorowałem.

Jest takie chińskie przysłowie, które mówi, że najlepszy sposób, aby dożyć starości, to od dziecka chorować, bo wtedy zwraca się uwagę na zdrowie.

Nie znałem tego przysłowia.

Jaspers je cytuje w swojej autobiografii. On też od dziecka ciągle chorował.

No, to mój przypadek jest identyczny. Całe życie bardzo marnie się pod względem fizycznym zachowywałem, a mimo to dożyłem już prawie osiemdziesiątki, co jednak jest jakimś dziwactwem, przyznaj… Wprawdzie przed wojną i w czasie wojny nigdy nie trafiłem do szpitala, ale po wojnie już wiele razy leżałem na kilku oddziałach. Miałem operacje różne, dwa razy zaawansowaną gruźlicę, choroby stawów, mnóstwo innych chorób jeszcze… A do tego nigdy w życiu nie uprawiałem żadnych sportów i przez całe życie robiłem to, czego nie należy robić, żeby być zdrowym. Przez kilkadziesiąt lat paliłem papierosy, i to mocne, moją ulubioną marką były gauloise'y bez filtra. Skończyłem jednak z tym nałogiem przypadkiem, w sposób, który każdemu mógłbym polecić jako niezawodny.

Jaki to sposób?

Potrącił mnie autobus w Oksfordzie... Cały byłem połamany.

Ale poskładali cię w szpitalu i znów mógłbyś palić.

Mógłbym, jednak straciłem ochotę. Czasami, raz na kilka miesięcy, zdarza się, że wezmę papierosa do ust. Nigdy nie stosowałem diety, tyle że w ogóle jadałem mało, bo ja nie lubię jeść, ale chodzi o to, że nie narzucałem sobie żadnego reżimu, który miałby mi pomagać w zdrowiu.

Nie lubisz jeść?

Nigdy nie lubiłem. Pamiętam nawet, że kiedyś pytałem ludzi pobożnych, jak oni myślą, czy będą jeść w niebie. Okazało się, że to nie był temat, o którym nie myśleli wcale, owszem, myśleli i odpowiedź była taka, że ludzie, którzy przychodzą na drugi świat, z początku, ponieważ są do jedzenia przyzwyczajeni, to jedzą, ale z czasem przekonują się, że to do niczego nie służy, więc zaprzestają tego okropnego zwyczaju. Oczywiście, gdy bywam głodny, to jem, jednak sam proces jedzenia wydaje mi się złą, chociaż konieczną stroną naszej egzystencji.

Jak w dzieciństwie spędzałeś wakacje? Czy miałeś dobry kontakt z naturą?

Podczas wakacji przeważnie na jakiś czas, nie umiem powiedzieć na jak długo, wyjeżdżaliśmy na wieś. Pamiętam krótki pobyt koło Spały w dość prymitywnych warunkach, ale nikt sobie nie krzywdował z tego powodu. Oczywiście, chodziłem na spacery do lasu.

Miłosz jako mały chłopiec chciał być przyrodnikiem...

No tak, ludzie z Kresów byli zaprzyjaźnieni z naturą. A ja nie. Owszem, lubiłem przyrodę, ale nie miałem żadnego kultu natury ani nic takiego.

Ostatnią klasę szkoły powszechnej ukończyłeś w czerwcu 1939 roku.

Zdążyłem jeszcze zdać egzamin do gimnazjum. W tejże samej szkole imienia księdza Skorupki w Łodzi.

Pamiętasz ostatnie wakacje przed wojną?

Doskonale. Sierpień spędzaliśmy razem z moim bratem ciotecznym Mirkiem u naszych ciotek, krewnych właściwie. Ciotka Wanda i ciotka Maria, dwie stare panny mieszkające w Szydłowcu. Dosłownie w ostatnich dniach sierpnia wuj Wiktor zabrał nas stamtąd do siebie do Radomia. Wojna wisiała w powietrzu. Czuło się, że lada chwila wybuchnie. Nie mogłem już wracać do Łodzi.

Za dwa miesiące miałeś skończyć dwanaście lat. Wielu mądrych ludzi mówiło, że przez pierwsze dziesięć–dwanaście lat wszystko to, co dla człowieka najważniejsze, już się wydarza.

I ja myślę podobnie, chociaż nie potrafiłbym tego wyeksplikować. Ale owszem, mam poczucie, że dzieciństwo, właśnie gdzieś tak do dwunastego roku, to jest okres, kiedy człowiek już staje się tym, czym będzie przez resztę życia. Już tym jest.

Jak dowiedziałeś się, że wojna wybuchła?

Przez radio. Zresztą wiadomość rozeszła się natychmiast, wszyscy wiedzieli. I zaraz zaczęły się bombardowania. W Radomiu była fabryka zbrojeniowa. Niemcy na pewno chcieli ją zburzyć. Oczywiście, bomby padały wszędzie, także niedaleko miejsca, gdzie mieszkaliśmy u wuja Wiktora. Pamiętam dobrze te bombardowania. Schronów nie było. Do piwnic chyba też nie schodziliśmy. Rozdano nam coś w rodzaju masek gazowych, to nie były prawdziwe maski. Wszyscy bali się wtedy, że Niemcy puszczą gazy trujące, ale to nie nastąpiło. Tylko nalotów było coraz więcej. Bomby wybuchały jedna po drugiej. Trzeba było uciekać.

Dokąd?

Uciekaliśmy na wschód, chyba bez wyraźnego celu. Wuj Wiktor, jego rodzina i grupka przyjaciół czy znajomych. Kilkanaście osób. Ludzie mieli jeszcze wtedy samochody służbowe.

Twój ojciec był z wami?

Nie, kiedy wybuchła wojna, był w Warszawie. Później do nas dotarł. Jechaliśmy przez Lublin, pamiętam spalone miasteczka po drodze – Kurów, Makuszew... W wiosce nieopodal Bugu, blisko Hrubieszowa dopadła nas armia niemiecka. Kazali nam jechać z powrotem, ale w połowie drogi nas zatrzymali. Chodziło o to, żebyśmy niczego nie zdążyli ukryć; ludzie zabrali przecież ze sobą co mogli z wartościowych przedmiotów. Niemieccy oficerowie zarekwirowali nam samochody i obrabowali ze wszystkiego, nawet z zegarków, pierścionków... Pamiętam, jak w czasie rewizji i rabunku wyśmiewali się z mojej babci, która leżała na ziemi półprzytomna. Chciałem ich zabić i na pewno zrobiłbym to, gdybym mógł. Wszystkich mężczyzn – ja jeszcze nie byłem w tej grupie – Niemcy zabrali do więzienia w Hrubieszowie. Ale nie zdążyli ich wymordować, bo właśnie zakończyła się duża bitwa niedaleko, pod Uściługiem – przegrali ją i musieli uciekać. Aresztowani wyszli z więzienia. Postanowiliśmy wracać do Radomia. Częściowo pieszo, częściowo na wozach. Przez kilka dni, może przez tydzień, byliśmy pod władzą sowiecką.

Wiedziałeś, co się stało siedemnastego września?

Oczywiście, wiedziałem, że nas z drugiej strony napadli. Chociaż nie przekroczyliśmy Bugu, jakoś się do nas dostali; zobaczyłem po raz pierwszy sowieckich żołnierzy i milicjantów z opaskami. Ojciec, który biegle mówił po rosyjsku, opowiadał mi później o swoich rozmowach z nimi, ale nic szczególnego nie zapadło mi w pamięć. Wróciliśmy do Radomia. Mieszkanie wuja nie było jeszcze zajęte – dopiero potem Niemcy je zabrali – więc mogliśmy przez kilka dni z niego korzystać. Potem przyjechała moja ciotka z Łodzi i zabrała nas do siebie. Mieszkaliśmy u niej aż do wywózki.

Radom był w Generalnej Guberni, a Łódź przyłączono do Rzeszy.

Tak. Pamiętam, że zanim Niemcy zamknęli wszystkie szkoły, przez kilka dni chodziłem jeszcze do gimnazjum księdza Skorupki. Któregoś dnia na lekcji ktoś zapytał, czy to prawda, że wojna skończy się na Boże Narodzenie, bo tak mówili w radiu. Nauczyciel powiedział, że na pewno nie na to najbliższe Boże Narodzenie i nie na następne, i pewnie nawet nie na kolejne. Bardzo się z niego śmieliśmy wtedy. Bo jednak złudzenia, że wojna nie potrwa długo, były dość powszechne. Uważano, że musimy wkrótce zwyciężyć. Cóż nam zrobią te czołgi niemieckie, tandetne, pewnie tekturowe...

„Nikt nam nie zrobi nic, / Nikt nam nie weźmie nic, / Bo z nami Śmigły, Śmigły, Śmigły Rydz!" Czułeś się oszukany?

Bardzo wielu ludzi ze starszego pokolenia miało takie poczucie i ja się z nimi solidaryzowałem. Pamiętam straszny wstrząs doznany po wiadomości, że Warszawa padła. Rzecz była zupełnie jasna – władze zwodziły nas, zostaliśmy wprowadzeni w błąd, co najmniej. Prawdopodobnie jednak nie było dobrego wyjścia. W sytuacji zagrożenia wojną rząd musi mobilizować społeczeństwo, nastawić je optymistycznie, to jest normalne na całym świecie chyba. Są ludzie w Polsce, którzy bardzo ostro się rozprawiają z wszystkimi naszymi powstaniami. Jakiż to nierozum był – wydziwiają – wszczynać te powstania w sytuacji beznadziejnej. A jednak nie spotkałem takiego kogoś, kto by mówił, że skoro we wrześniu trzydziestego dziewiątego roku musiało być oczywiste dla wojskowych wodzów, iż sytuacja jest beznadziejna, bo wróg ma przewagę miażdżącą, to należało oporu w ogóle zaniechać i skapitulować pierwszego dnia. Trudno byłoby się w ogóle zdobyć na taką radę. Kapitulacja pierwszego dnia oszczędziłaby życie wielu żołnierzy i cywilów. A przecież było to nie do przyjęcia... Żołnierze walczyli. Walczyli bardzo dzielnie.

Podobno wielu ludzi ze starszego pokolenia uważało, że okupacja jest rzeczą straszną, ale przecież Niemcy to naród kulturalny, dobrze wychowany, niezdolny do okrucieństwa...

Jeśli były takie złudzenia, już po pierwszych masowych egzekucjach musiały zostać rozwiane. W czterdziestym roku usłyszałem natomiast od chłopa na wsi, że polactwo źle rządziło i teraz Niemcy zrobią porządek. I to dało mi do myślenia.

Kiedy wywieziono was z Łodzi?

To był, zdaje się, luty czterdziestego roku. Pewnego dnia przyszli jacyś umundurowani ludzie i kazali nam wynosić się z mieszkania. Przez trzy dni trzymali nas w opustoszałej fabryce, a potem obrabowali doszczętnic ze wszystkiego, wsadzili do pociągu i wywieźli. Pamiętam, że było bardzo zimno i że czytałem akurat Żeromskiego. Jechaliśmy, nie wiedząc, dokąd jedziemy. Kazali nam wysiadać w miejscowości Końskie. Przypadek zrządził, że właśnie w Końskich mieszkali nasi krewni, znaleźliśmy u nich punkt oparcia. Potem przyjechała tam dziedziczka z niedalekiej wsi i zabrała nas do siebie – siedem osób. To była akcja filantropijna, ale chodziło także o to, że lekarka, moja ciotka, mogła się na miejscu przydać. Wieś nazywała się Skórnice, był tam dworek szlachecki. Najpierw przez krótki czas mieszkaliśmy u jakiegoś chłopa, później – w małym domku niedaleko dworku. Moja ciotka leczyła ludzi w okolicy. Ojciec wkrótce pojechał pracować do Warszawy.

Jak długo mieszkałeś w tych Skórnicach?

Ponad dwa lata, do jesieni czterdziestego drugiego roku. Właściciele dworku nazywali się Kotarscy, nie mieli dzieci. On był dość niemiłym złośnikiem, który na nas krzyczał czasem, krzyczał także na chłopów, którzy na polu pracowali. A jego żona wydawała mi się osobą w sztuczny sposób życzliwą i pomagającą ludziom. Oczywiście, wszystko im zawdzięczamy, bo nam jeść dawali... Pamiętam, że do dworku przyjechali krewni dziedziczki, z Poznańskiego, dwaj bracia Sczanieccy – była taka znana rodzina szlachecka w Wielkopolsce. Obaj potem zostali benedyktynami w Tyńcu. Starszy, Tadeusz, zajmował się historią liturgii w Polsce i pisywał jako ojciec Paweł. W Skórnicach byli też jeszcze znajomi wysiedleni z Łodzi i innych miast, z zachodu. Była także młodzież z mojej generacji – chłopak i dwie dziewczyny. Z jedną nawet korespondowałem później, ona jest dentystką w Poznaniu.

Jak spędzałeś czas w Skórnicach?

43

Czytałem, uczyłem się języków. Miałem szczęście, bo w dworku była spora biblioteka z książkami wszelkiego rodzaju. Literatura nie tylko polska, także niemiecka, francuska, rosyjska. Chłopi pod nieobecność właścicieli nakradli trochę książek na opał, ale mimo to było ich dużo. Żałowałem, że encyklopedia powszechna została zdekompletowana. Czytałem ją systematycznie od początku i posiadłem całą wiedzę ludzkości na A, D i E, więc miałem luki, bo już tomów na B i C nie było.

A jakich języków się uczyłeś?

Łaciny, francuskiego i niemieckiego. Z francuskim szło najlepiej, bo pomagał mi starszy z braci Sczanieckich, który znał ten język. W bibliotece był też dobry podręcznik do francuskiego, ze znanej serii podręczników przedwojennych. Dość szybko zacząłem czytać francuską literaturę. Przeczytałem między innymi wszystkie dramaty Maeterlincka, które bardzo mnie zaciekawiły. Dwa z nich nawet przełożyłem na polski, musiały to być okropne tłumaczenia.

Co cię tak uderzyło w tych dramatach?

Tajemniczość życia tam przedstawiona. Zagadkowy i złowrogi los, który ludzi ściga. Bardzo tego Maeterlincka polubiłem jako pisarza. Później czytałem inne jego książki, raz nawet, w Londynie, byłem na operze Debussy'ego opartej na dramacie Maeterlincka, specjalnie poszedłem to obejrzeć. Czytałem też w oryginale innych pisarzy francuskich, Moliera na przykład, ale też autorów popularnych, mniej znanych. Najwięcej czytałem, oczywiście, polskiej literatury, co tylko mogłem znaleźć: Prusa, Sienkiewicza, Żeromskiego, klasyków poezji, Mickiewicza, Słowackiego, Krasińskiego. Jedną z bardzo nielicznych książek, które wywieźliśmy z rodziną, gdy nas wypędzili z Łodzi Niemcy, był zbiór wierszy Zegadłowicza pod tytułem *Imagines*. Wydano go raz jeden chyba, w roku 1918, zaraz po pierwszej wojnie, i nie był wznawiany. To jest rzadkość antykwaryczna dzisiaj.

Wielka rzadkość. Sprawdziłem. Istniało tylko pięćset egzemplarzy. Autor osobiście czuwał nad edycją. Kluczowy w tym tomie jest chyba układ wierszy i ich kolejność, a także tajemnicza formuła, cytuję, „TU OTO ZAMYKAJĄ SIĘ POEZYJE: IMAGINES, ERATO, NA E-STRUNIE, ELEGIE, TRISTIA: TRANSFIGURACYĄ".

Niesłychanie podobały mi się te wiersze, kunsztownie zbudowane, czytałem je wielokrotnie.

Romantycy: Mickiewicz, Słowacki – nie nudzili cię czasami? Nie myślałeś o nich, że zachwycają tylko dlatego, że wielkimi poetami są? Miałeś przecież piętnaście lat.

Absolutnie tak nie myślałem. Wręcz przeciwnie, byłem zafascynowany romantykami. Może dlatego, że czytałem ich z własnej woli, a nie przymuszany przez belfrów takich jak Pimko. *Ferdydurke* Gombrowicza przeczytałem później, wydała mi się bardzo ciekawa przez swoją ekstrawagancję i śmieszność.

Czy mieszkając w Skórnicach, widywałeś Niemców? Były jakieś ruchy wojsk w okolicy?

Nie. Raz jeden może widziałem jakichś żołnierzy. To była typowa zapadła dziura, w której nic się szczególnego nie działo.

A podziemie? Nie stykałeś się z konspiracją?

W sąsiedniej wsi był działacz podziemia chłopskiego, z którym nieraz się spotykałem. Nazywał się Jończyk. Pamiętam, że zawoziłem mu gdzieś na rowerze podziemne gazetki. To był lewicowy chłop, który się ukrywał pod koniec wojny, bo były na niego zamachy, a wróciwszy do swojej wsi, kilka dni, a może kilka tygodni po wojnie umarł śmiercią naturalną.

Czy twój ojciec miał kontakty z podziemiem?

Bardzo aktywne, ale raczej w Warszawie. Pracował tam w spółdzielczości, jego przyjacielem był prezes Społem Marian Rapacki, ojciec Adama, późniejszego ministra spraw zagranicznych. Z córką Adama Joanną, zamężną z Andrzejem Mandalianem, poetą, przyjaźniliśmy się długo. Jako pracownik Społem ojciec jeździł dużo po Polsce i załatwiał jakieś sprawy podziemia. Nie byłem w to wtajemniczony.

Jesienią czterdziestego drugiego roku opuściłeś z rodziną Skórnice. Dlaczego?

Moja ciotka jako lekarka dostała pracę w Garbatce, wsi, a raczej miejscowości letniskowej na skraju Puszczy Kozienickiej, po lewej stronie Wisły, niedaleko Radomia. W Skórnicach stałej pracy nie miała, owszem, leczyła chłopów, ale było to leczenie bez leków, bo ich brakowało. Chłopi przynosili czasami jajka czy kawałek masła. Żywili nas i żywił nas dworek. Życie było liche, często się nie dojadało albo jadło byle co, ale głodu we właściwym znaczeniu nie zaznałem. W ogóle w czasie okupacji – pominąwszy getta i obozy – nie było głodu, jaki pamiętali ci, co pierwszą wojnę światową przeżyli.

W Garbatce zacząłeś pracować?

Miałem prawie piętnaście lat, a więc już dotyczył mnie obowiązek pracy. Musiałem mieć arbeitskartę.

Już od piętnastego roku życia były arbeitskarty?

Zdaje się, że nawet od czternastego. Trzeba było mieć ten dokument, bo inaczej groziła wywózka na roboty przymusowe. Więc zacząłem pracować. Była tam fabryka drzewna. Robiłem zabawki.

Jakie?

Jakieś z drewna wycinane koniki czy coś takiego. Pracowałem źle, obie ręce miałem stale pokaleczone, bo byłem bardzo niezręcznym manualnie człowiekiem. No, ale pracowałem jednak, chociaż nie za dużo. Znacznie więcej czasu czytałem. Z dostępem do książek nie miałem problemu. Garbatka to nie była wieś typowa, chłopów żyjących z roli było tam niewielu. Była za to inteligencja. I jest zresztą nadal. Dostaję systematycznie od młodej znajomej, Eli Dziedzickiej, numery pisma wydawanego na miejscu; są tam opisywane sprawy aktualne, ale też historyczne.

A w Internecie jest strona nazwana „Miłośnicy Garbatki".
Można tam przeczytać życiorysy wielu twórców związanych
z Garbatką, na przykład Pauliny Wilkońskiej, dziewiętna-
stowiecznej pisarki i pamiętnikarki, która tuż przed śmiercią
ogłosiła swoje Wspomnienia *o życiu towarzyskim w Kon-*
gresówce. *Opowiada w nich między innymi o Garbatce. O ile*
mi wiadomo, pod koniec ubiegłego stulecia zostałeś honorowym
członkiem stowarzyszenia przyjaciół tej miejscowości.

Owszem, bardzo cieszy mnie ten tytuł. W Garbatce mieszkał Tadeusz Kordyasz, teolog, z którym często spotykałem
się i pożyczałem od niego książki. Był on kiedyś zakonni-
kiem, ale opuścił zakon marianów, żeby się ożenić, oczywiście. Niemniej pozostał przy teologii i pisywał jakieś rzeczy
naukowe. Jego żona żyje i jego syn. To była jego druga żona,
bo z pierwszą się rozszedł. Wtedy niełatwo było taki rozwód
przeprowadzić. Jak wiesz, nie ma rozwodów w Kościele,
chyba że jakieś wyjątkowe okoliczności zaszły, na przykład
raptus puellae, czyli porwanie dziewicy, można porwać ko-
bietę i ożenić się z nią pod przymusem. Poza tym możliwe
jest *matrimonium non consummatum*. I on właśnie na tej zasadzie dostał rozwód, co zresztą nie było powodem prawdziwym, ale mniejsza o to.

Podobno Tadeusz Kordyasz był człowiekiem wielkiej wiary.
Czytałem, że opowiadał się za odprawianiem mszy w języku
ojczystym z twarzą kapłana zwróconą ku wiernym.

Czyli antycypował Drugi Sobór Watykański.

Toczyłeś z nim dyskusje?

Tak, a jakże. Poważne dyskusje na tematy teologiczne i filozoficzne. Możesz sobie wyobrazić, co ja tam mogłem wiedzieć wtedy. Biblię w każdym razie już zacząłem studiować. Niesłychanie mnie to fascynowało.

Ciekawe, jakie kwestie roztrząsać mogłeś w wieku lat czternastu z teologiem.

Tego już nie pamiętam dokładnie. Dyskutowaliśmy różne kwestie, omawiając świętego Tomasza i innych klasyków teologii.

Dyskutowałeś z pozycji ateistycznych?

Ateistycznych z pewnością nie. Powiedzmy, z agnostycznych, ale nie umiem tego odtworzyć. Pamiętam, że próbowałem rozmawiać z nim po łacinie.

Po łacinie?

Tak, próbowałem. Ojciec Kordyasz zajmował się też ziołolecznictwem. Uprawiał irydoskopię, to znaczy stawiał diagnozy, badając tęczówkę oka. Twierdził, choć nie on to wymyślił na pewno, że wszystkie organy ludzkie mają swoją reprezentację w oku. Był znany z tego, że przyszedł do jakiegoś pacjenta chorego, który leżał w łóżku przykryty kołdrą, spojrzał mu w oko i powiedział: „Ależ pan nie ma nogi!".

Czytałem, że swoją najważniejszą książkę, Zakon miłości, *wydał na własny koszt, a gdy dotarły do niego pierwsze nieprzychylne oceny tego dzieła, cały niemal nakład spalił na podwórzu własnego domu. Dopiero potem zaczęły do niego napływać głosy doceniające wartość książki, słowa uznania przesłał mu między innymi prymas Polski August Hlond.*

Nie wiedziałem tego. Ojciec Kordyasz był bardzo uczonym człowiekiem. Studiował jako młodzieniec w Rzymie. Pożyczał mi różne podręczniki, między innymi francuski podręcznik greki, który przerabiałem. Łaciny uczyłem się już w Skórnicach, a w Garbatce czytałem poezję łacińską. Duży wysiłek wkładałem, aby zrozumieć po łacinie Owidiusza czy Horacego. Sam, ma się rozumieć, też zacząłem pisać wiersze.

Jakie?

W duchu naśladowania poetów romantycznych. Niestety, te genialne utwory przepadły w zawierusze wojennej. A było ich kilka zeszytów. Kordyasza widziałem raz jeden po wojnie, w Warszawie. On obawiał się wtedy o swoje życie.

Który to był rok?

1951, chyba. Pamiętam, że mieszkałem wtedy jeszcze na Mokotowie.

Bezpieka mu groziła?

Nie, wprost przeciwnie, chodziło o podziemie, nie wiem dlaczego właściwie, bo on nie był politycznie aktywny.

To zagadkowa sprawa…

Owszem.

Czy w dzieciństwie ktoś z dorosłych kierował twoimi lekturami?

Absolutnie nie. Sam je sobie wybierałem.

Podobno nie lubiłeś Sienkiewicza?

Nie lubiłem. W dzieciństwie czytałem z wielką ciekawością *Potop*, ale już parę lat później uważałem, ze Sienkiewicz to pisarz dydaktyczny, który za bardzo poucza nas wszystkich. Nie podobał mi się u niego taki patriotyzm nadęty. Później przekonałem się, że to był młodzieńczy pogląd. Nie doceniałem humoru Sienkiewicza. Nie był to wtedy mój pisarz.

A kto był twoim pisarzem?

Żeromski i Conrad.

Nie raził cię styl Żeromskiego?

Wtedy mnie nie raził. Przeciwnie, byłem zachwycony jego sposobem pisania, poza może opowieściami, które są właściwie stylizacją, jak ta rzecz o Walgierzu Udałym. Wiem, że potem Żeromski był lekceważony przez wielu jako pisarz, który nieprawdziwy świat przedstawia, ale nie, ja tego wrażenia nie miałem nigdy w młodości.

Edward Kossoy, wybitny prawnik, specjalizujący się po wojnie w sprawach o odszkodowania dla ofiar nazizmu, napisał *niedawno wspomnieniową książkę, w której podaje temat pisemnej matury z polskiego w gimnazjum radomskim: „Rozwiń cytat z* Międzymorza *Stefana Żeromskiego:* »Przychodzimy na to jałowe wybrzeże z cudownego losów użyczenia, na skutek przedziwnej zapłaty, ażeby zeń uczynić naszej wolności skarb bez ceny«". Trudny temat, prawda?*

Bardzo trudny. Ale ciekawy. Żeromski robił takie ćwiczenia stylistyczne skomplikowane.

Czy miałeś w dzieciństwie poczucie, że istnieje gdzieś Księga jedyna – absolutna, prawdziwa, Księga, wobec której wszystkie inne książki to tylko falsyfikaty?

Owszem, miałem takie poczucie. Nawet pisałem o tym po latach, w księdze pamiątkowej dla mojego doktoranta i kolegi Karola Toeplitza. W dzieciństwie czy we wczesnej młodości, kiedy czytamy dużo książek, liczymy na to, że któregoś dnia natrafimy na książkę *par excellence*, książkę, która oświeci nas absolutnie i w Całą Prawdę wtajemniczy. Dochodzimy jednak do wniosku, że chociaż jest wiele książek znakomitych, ciekawych i mądrych, to książki-absolutu nie ma, po prostu nie ma…

Bo nie chodzi przecież w tym złudzeniu o Pismo Święte.

Nie, nie chodzi o Biblię.

V

Z Garbatki pojechałeś z ojcem do Warszawy.

Tak, po kilku miesiącach pobytu. W Warszawie spędziłem cały rok czterdziesty trzeci. To był ważny rok dla mnie, pełen obserwacji życia i świata.

Gdzie mieszkałeś?

W różnych miejscach. Najpierw u pani Janiny Grabowskiej, dobrej znajomej ojca, na ulicy Ludwiki na Woli. To mieszkanie było właściwie meliną konspiracyjną, gdzie się przechowywało Żydów zbiegłych z getta. Niektórych do dzisiaj pamiętam, oni tam przybywali, byli kilka dni, a potem gdzieś indziej szli. Jedynym, który pozostawał przez cały czas, był Adam Zgrzębski. On był przyjacielem pani Ireny Sendlerowej, która mieszkała gdzieś obok, nie pamiętam dokładnie jej adresu. I on przeżył, widziałem go raz jeden po wojnie. Był tam także chłopiec dziesięcio-, może jedenastoletni – nazywał się Zdzisio Mroczek – który też przeżył wojnę, spotkałem go przypadkowo, rozpoznał mnie na ulicy

53

w Warszawie. On strasznie dużo wysiłku włożył, aby odnaleźć swoją młodszą siostrę, która była wzięta przez kogoś, kto ją miał ukryć, Zdzisio nie wiedział przez kogo i wszystkich sposobów się chwytał, żeby to ustalić, ale siostry nie odszukał. Takie to było mieszkanie na ulicy Ludwiki i tam ciągle sprawy żydowskie się toczyły.

Wspomniałeś o pani Irenie Sendlerowej, Sprawiedliwej wśród Narodów Świata, której kandydaturę do Pokojowej Nagrody Nobla zgłoszono całkiem niedawno. Pod wnioskiem w tej sprawie Forum Żydów Polskich zebrało ponad dziesięć tysięcy podpisów z całego świata.

Pani Sendlerowa przychodziła bardzo często do mieszkania, o którym mówiłem. Wiedziałem, choć bez szczegółów, że zajmuje się wyprowadzaniem z getta i ratowaniem dzieci żydowskich. Kiedy odwiedziłem ją, dwa lata temu chyba, u Bonifratrów, opowiedziała mi historię, której nie znałem. Pewnego dnia do tamtego domu na Woli przyjechało Gestapo i dwie grupy gestapowców zaczęły z jednej i drugiej strony przeszukiwać wszystkie piętra. Jak doszli do mieszkania, w którym byliśmy i gdzie, oczywiście, ukrywało się paru Żydów, zawrócili, każda z grup myślała, że ta druga już wcześniej tam była. Czysty przypadek, że żyjemy, bo gdyby tam weszli, wszystkich nas by rozstrzelali.

Wiedziałeś, jak doszło do tego, że pani Sendlerowa wpadła w ręce Gestapo?

Nie, tego nie wiedziałem. Ale pamiętam, jak ją aresztowali, nawet ten dzień pamiętam.

Przesłuchiwana była na Pawiaku.

Potem podziemie przekupiło jakiegoś gestapowca i udało się ją stamtąd wydobyć. Trzeba było ratować ją za wszelką cenę, bo gdyby zginęła, nikt nie potrafiłby dotrzeć do rodzin, które ukrywały wyprowadzone przez nią z getta dzieci. Ona miała listę tych dzieci i adresy wszystkie... Mówiła mi, że gestapowiec, który się nią zajmował, pokazał jej grubą teczkę i powiedział, że pełna jest donosów na nią. Polacy pisali donosy na taką niepatriotyczną osobę, która ratuje Żydków...

A jeśli gestapowiec kłamał?

Może kłamał.

Żeby ją pognębić.

Może, nie wiem. Ona też nie wiedziała.

Ciekawe. Chyba nie dojdziemy do prawdy. Czy w teczce, którą pokazał gestapowiec, były donosy czy nie?

Nie dojdziemy do prawdy. Oczywiście, że nie. Ale wiadomo, że byli szmalcownicy, którzy pisali donosy. Jednym z tych ludzi, którzy mieszkali u pani Grabowskiej na Woli, był młody człowiek, świeżo po studiach. On został złapany na ulicy przez szmalcowników i wydany Niemcom na zabicie.

Ale z kolei Armia Krajowa wykonywała wyroki na szmalcownikach.

Tak. Był taki rozkaz. Mówiła mi Karola Beylin, że listonosz, który przynosił listy jej i jej siostrze Stefie, opowiadał, jak osobiście wykonał z ramienia AK wyrok na jakiegoś szmalcownika.

Kiedy Niemcy aresztowali twojego ojca?

W maju 1943. I szybko go zabili na Pawiaku. Aresztowano go w dużej łapance na ludzi lewicy, to była właściwie cała akcja przeprowadzona w kilku dzielnicach. Mieszkałem później na Żoliborzu, u mojej ciotki Heleny, której mąż zginął na początku wojny w bitwie pod Kutnem. W tym mieszkaniu, na ulicy Gdańskiej, ukrywała się też rodzina wywieziona z Łodzi, małżeństwo. Ona była Żydówką z tak zwanym niedobrym wyglądem i nie mogła się pokazywać nigdzie. A jej mąż był Niemcem z pochodzenia, pracował gdzieś na mieście. Mieli córkę, młodszą ode mnie. Wszyscy ocaleli. Jeszcze później mieszkałem na Saskiej Kępie kilka miesięcy z inną rodziną, Błeszyńskich. Kazimierz Błeszyński był pisarzem i tłumaczem, przekładał między innymi Bergsona. To był mason, bardzo uczony człowiek, ale mało piszący. Pracował w jakimś towarzystwie ubezpieczeniowym, coś takiego. Jego żona Wanda nazywała się z domu Landau i też miała niedobre pochodzenie. Ale znajomi załatwili jej fałszywą arbeitskartę, mogła się poruszać. Była bardzo wykształconą osobą, pomagała mi czytać trudniejsze teksty francuskie i niemieckie. Jej poprzedni mąż, który zginął w wypadku, nazywał się Gajewski. Mieli razem dwóch synów: Wacława, profesora Uniwersytetu Warszawskiego, biologa, i Stanisława, który został polskim ambasadorem w Paryżu, przyjaźniliśmy się długo.

Pamiętasz powstanie w getcie?

Pamiętam. Oczywiście, widziałem je z zewnątrz tylko. Jak się jechało z Żoliborza do Śródmieścia, to już tam nie było tramwajów, z tego powodu właśnie. Ludzie organizowali konne platformy, którymi się jeździło. Przejeżdżałem koło murów getta, widać było dym i słyszało się wystrzały, ale przecież nie byłem w środku. Pamiętam też na placu Krasińskich karuzelę, o której Miłosz pisał w wierszu *Campo di Fiori*. Ktoś tam utrzymywał, że to fantazja Miłosza, że naprawdę takiej karuzeli tam nie było. Była, widziałem ją na własne oczy, ludzie się na niej bawili, a bardzo blisko był już mur getta; w powietrzu fruwały osmalone strzępy ubrań i jakoś nikt się tym nie przejmował specjalnie. Oczywiście, ludzie wiedzieli, że w getcie wybuchło powstanie, i to środowisko, w którym żyłem, miało, naturalnie, sympatię dla powstańców, ale nie była ona powszechna.

Czy w Warszawie miałeś związek z tajnym nauczaniem?

Nie miałem. I nie chciałem mieć. Nie były mi potrzebne te tak zwane komplety. Uczyłem się sam i czytałem sam. U ciotki na Żoliborzu miałem trochę książek, u Błeszyńskich była duża biblioteka. Chodziłem też czasami do biblioteki Instytutu Spółdzielczego na Wareckiej. Ona tam jeszcze istniała, Niemcy nie zdążyli jej zlikwidować. Czytałem tam różne rzeczy, między innymi wszystkie chyba książki Tadeusza Zielińskiego, filologa klasycznego i religioznawcy – *Religia Cesarstwa Rzymskiego*, *Hellenizm a judaizm* i tak dalej. Przeczytałem tam też *Manifest komunistyczny*.

Dlaczego?

Bo słyszałem, że jest coś takiego. Ale nic mi nie zostało w głowie z tego wtedy.

A zdawałeś małą maturę?

Tak, zdawałem, częściowo w Warszawie, a częściowo w Radomiu. Moja ciotka, żona wuja Wiktora, była w Radomiu jedną z głównych osób organizujących tajne nauczanie. W Warszawie zdawałem egzamin z literatury polskiej u Leona Rygiera. To był pierwszy mąż Zofii Nałkowskiej, poeta młodopolski. Pamiętam, że pisałem o Żeromskim, o *Ludziach bezdomnych*, i Rygier mnie pochwalił, że porównałem doktora Judyma z *Wrogiem ludu* Ibsena. A inne egzaminy zdawałem w Radomiu, nie pamiętam już dobrze jakie. Nie było wtedy formalnych świadectw, ale te wyniki zapisywano. Wiem, że tak było, bo kilka lat temu ktoś mi przysłał jakiś wyciąg z akt, gdzie znalazłem swoje nazwisko. Zdałem więc małą maturę i wkrótce potem Marian Rapacki, o którym wspominałem, przyjaciel mojego ojca, dał mi stypendium, miałem trochę pieniędzy.

To było miesięczne stypendium?

Dostawałem je co jakiś czas, nie pamiętam, ile wynosiło. Przypuszczam, że niewiele, ale gdy wróciłem z Warszawy do Garbatki, mogłem opłacać nauczycielkę, która miała ze mną konwersacje z francuskiego, potem bomba ją zabiła. Miałem także konwersacje z niemieckiego i rosyjskiego, moje ciotki, Helena i Jania, jeszcze chodziły do szkoły rosyjskiej, więc doskonale znały ten język. Dzięki stypendium Rapackiego przez kilka tygodni uczyłem się także gry na pianinie.

Grasz na pianinie?

Teraz już nic nie zostało z tej nauki. A wówczas... szczyt moich osiągnięć i kwalifikacji to bezbłędne wykonanie „Gdybym ja była słoneczkiem na niebie". Pamiętam też – to było dla mnie bardzo ważne wtedy – lekcje matematyki i fizyki, na które z moim kuzynem Mirkiem chodziłem do profesora Stanisława Ziemeckiego, brata Wandy Błeszyńskiej z domu Landau, on też był Landau, złego pochodzenia, jak już mówiłem. Moja ciotka go znała i pomogła mu się ukryć przed Niemcami. Ukrywał się w małym domku z żoną i z dzieckiem.

Wiem, że przeżył. Po wojnie objął Katedrę Fizyki Doświadczalnej na Uniwersytecie Marii Curie-Skłodowskiej w Lublinie, był także rektorem tamtejszej Wyższej Szkoły Inżynierii. Miłośnicy Garbatki piszą na swojej stronie internetowej, że zasłynął jako autor podręczników, których „piękny język i jasność przedstawianych problemów świadczą o jego wyjątkowej osobowości".

Profesor Ziemecki był – teraz to widzę wyraźnie – genialnym nauczycielem. Wprowadzał nas w elementy teorii względności, dualizmu korpuskularno-falowego, w rozmaite rzeczy z nowoczesnej fizyki i wszystko to było znakomite po prostu.

Co to znaczy być genialnym nauczycielem?

Genialny nauczyciel ma – po pierwsze – wiedzieć, co jest ważne, a co nieważne, ma – po drugie – zakładać, że uczniowie mogą to, co ważne, zrozumieć, i – po trzecie – potrafi wytłumaczyć to w taki sposób, że oni naprawdę to rozumieją. Ja rozumiałem, a przynajmniej wydawało mi się, że rozumiem, i jestem profesorowi Ziemeckiemu bardzo wdzięczny, bo wszystko, czego nas uczył – a nie były to rzeczy po prostu techniczne – uważałem za nadzwyczaj ciekawe. Ziemecki dawno już umarł, oczywiście. Jego syn, którego pamiętałem, jak miał bodaj dziewięć lat, istnieje gdzieś. Pojechałem raz do Filadelfii i spotkałem tam byłą studentkę z Warszawy. I ona mi przedstawiła swojego męża. Okazało się, że ten mąż to młody Staś Ziemecki, który też fizykę studiuje. Nie wiem, co teraz robi i czy jest w Polsce z powrotem. Dziwny przypadek to spotkanie.

Niektóre teorie matematyczne rozbudzają niepokój filozoficzny, mogą wręcz wydawać się przerażające.

Tak. Znam to uczucie. Jest bardzo wiele rzeczy w matematyce, nawet tej, którą ktoś taki jak ja może zrozumieć, wybitnie przeciwintuicyjnych. Jest więc przeciwintuicyjne, że na przykład liczb parzystych jest tyle samo co liczb naturalnych albo że liczb pierwszych jest nieskończenie wiele. To są bardzo ciekawe rzeczy, które zawsze pobudzają niepokój. Dzisiaj matematyki nie pamiętam zupełnie, nie wiem, co to jest całka, a nawet sinus, ale hołd oddaję profesorowi Ziemeckiemu, wdzięczny jestem w ogóle wszystkim, dzięki którym uczyłem się rzeczy, których później zapomniałem. Bo nawet to, że przez kilka tygodni uczyłem się gry na pianinie, coś mi dało, mimo rezultatów mizernych, bo jakoś zrozumiałem, na czym to polega, że się gra. W sumie okres kilku ostatnich miesięcy

czterdziestego czwartego roku był dla mnie bogaty duchowo. Czytałem nadal bardzo dużo. Pamiętam, że pierwszy
raz przeczytałem wtedy po niemiecku *Fausta* Goethego. Na
pewno miałem pod ręką słownik, ale przeczytałem. Bardzo
lubiłem Heinego z jego ironią, z jego sarkazmem, ale i z jego
mocno nieraz sentymentalnym podejściem do świata. Mam
taką teorię, że obcy język poznajemy najlepiej, gdy za młodu
czytamy w tym języku poezję. Nigdy się nie nauczyłem na
przykład angielskiego, bo nie czytałem w młodości poezji an-
gielskiej. Nie znam tego języka.

*Nie znasz angielskiego? Przecież napisałeś po angielsku kilka
książek?*

Nie znam. To jest dla mnie ciągle obcy język. Francuski, niemiecki czy rosyjski wyczuwam znacznie lepiej. Zwłaszcza
francuski, chociaż niektóre wiersze francuskie były dla mnie
nie do pojęcia. Pamiętam na przykład, że czytałem Mallar-
mégo i on mnie denerwował, bo nie mogłem zrozumieć, co
właściwie chce powiedzieć. Po wojnie przeczytałem krótką książkę Macieja Żurowskiego o jednym wierszu Mallar-
mégo, który dobrze znałem, umiałem go nawet na pamięć,
ale nie miałem pojęcia, o co tam chodzi. I w tej książce było
to wyjaśnione, ale w taki sposób, że okazało się banalne
i nieciekawe.

*Ktoś mógłby pomyśleć, że w Garbatce żyłeś jak u Pana Boga za
piecem, z dala od wojny, z dala od niebezpieczeństw.*

Tak nie było, zwłaszcza gdy Armia Czerwona dotarła na pra-
wy brzeg Wisły. Garbatka to była ostatnia czynna stacja linii

kolejowej, wyładowywano tam wszystkie niemieckie transporty wojskowe. Sowieci mieli lotnisko w Dęblinie i starali się te transporty zniszczyć. Bombardowania były nieustanne i przeprowadzano je trochę na oślep, pociski padały wszędzie. Siedzę w domu przy biurku, słychać samoloty, wybuchy, bomba spada gdzieś blisko, szyby w oknach rozbijają się na drobne kawałki, wyskakuję z pokoju, na podwórku leży poszarpany trup sąsiadki – takie sceny były czymś normalnym. Kiedy chodziliśmy z Mirkiem na lekcje matematyki, musieliśmy czasami kilka razy zatrzymywać się i wskakiwać do rowu, bo nadlatywały samoloty sowieckie. Do tej pory, gdy widzę samolot bardzo nisko lecący, czuję, że za chwilę zrzuci bombę. Ale wtedy nic bardzo się tym przejmowałem. Nawet mówiłem wszystkim, że ja tę wojnę przeżyję. Przestrzegano mnie: nie gadaj tak, bo to jakbyś Pana Boga kusił. A ja powtarzałem bezczelnie: przeżyję! Miałem absolutnie silne poczucie, że nie zostanę zabity. Chociaż zginąć przecież było naprawdę łatwo.

Byłeś oswojony ze śmiercią. Czy widok trupów już nie robił na tobie wrażenia?

Zawsze był przykry, ale nie powiedziałbym, że wstrząsał mną w szczególny sposób.

Dawki okropieństwa bywają zbyt silne. Łatwo wtedy zobojętnieć?

Pewnie tak. Ja to rozumiem. Sam miewałem to poczucie: no tak, lecą bomby, są łapanki, ludzie się zabijają, ale można się do tego przyzwyczaić, to pewnie okropne, ale tak jest.

W Polsce twórcom, których zajmował czas Zagłady, zarzucano często, że nie przeżyli go dość „głęboko". Ostatnio zarzut taki pojawił się wobec Pianisty *Romana Polańskiego. Bohater filmu, zdaniem krytyków, jest człowiekiem irytująco nieprawdziwym, bo obojętnym i nieczułym. Nawet po wyjściu z piekła zachowuje się, jakby czas tam spędzony nie zrobił na nim żadnego wrażenia.*

Nie myślałem tak. *Pianista* wydał mi się filmem znakomitym. A od traumy po wojennych okropieństwach ludzie rozmaicie próbowali się uwolnić. Wspomniałem przy jakiejś okazji o moim nieżyjącym koledze, Żydzie łódzkim, który spędzał ostatnie tygodnie w Oświęcimiu, ładując trupy zagazowanych ludzi do pieca. Ludzie, którzy to robili, mieli, rzecz jasna, być wkrótce uśmierceni, ale przez jakiś czas byli potrzebni. Były to już ostatnie dni obozu i mój kolega cudem ocalał. Następnie spędził dziesięciolecia, opowiadając kawały, humorystyczne mądrości i wydając, po polsku, a potem, gdy wyemigrował, po niemiecku, różne zbiorki: humor żydowski, humor w krajach komunistycznych, humor w Trzeciej Rzeszy.

Mówisz o Aleksandrze Drożdżyńskim?

Tak, w rzeczy samej. Słyszałeś o nim?

Mądrości żydowskie, *które zebrał i przełożył, były jedną z ulubionych książek mojej matki. Ja też za nimi przepadałem i do dzisiaj wiele znam na pamięć. Na przykład opowieść o tym, jak Hitler doszedł do władzy i postanowił zapoznać się z mądrością Talmudu. Wybitny rabin próbował mu to wytłumaczyć na przykładzie: Niech pan sobie wyobrazi, panie Hitler, że jest wieś. W tej wsi stoją murowane jednopiętrowe domy o płaskich dachach. Którejś nocy, przy pełni Księżyca, przechadzało się po nich dwóch Żydów. Jeden z nich, człowiek bardzo ciekawy, zajrzał do komina i tak się przechylił, że wpadł do środka. Drugi chciał mu pospieszyć z pomocą i wpadł za nim. Kiedy obaj Żydzi wyszli z komina, jeden z nich był biały, a drugi czarny. Jak pan myśli, panie Hitler, który z nich poszedł się umyć? Jak to który? Jasne, że czarny. Nie, panie Hitler, odrzekł rabin, żaden z nich nie poszedł się umyć. Ten biały widział, że jest biały, więc nie poszedł się umyć. Ten czarny widział, że tamten jest biały, więc myślał, że i on jest biały, i też nie poszedł się umyć… To niesamowite, że Aleksander Drożdżyński musiał w Auschwitz wrzucać trupy do pieca.*

On się nazywał Kahanes z domu. Umarł na raka w Düsseldorfie. Rozmawiałem z nim przez telefon na kilka dni przed jego śmiercią, nie wytrzymał i opowiedział mi jakiś kawał. Nigdy nie pytałem go, rzecz jasna, czy istnieje związek między jego pracą w obozie zagłady a późniejszą karierą wesołka, przypuszczam jednak, że po tych potwornościach, których był świadkiem i w jakimś sensie uczestnikiem, znalazł sposób, by stworzyć sobie *quasi*-rzeczywistość, która nie jest na serio i którą można z tej racji akceptować.

Ciekawi mnie, co sądzisz o opowiadaniach obozowych Tadeusza Borowskiego. Czy był on nihilistą, jak niektórzy uważali? Spór o to wybuchał w Polsce od nowa kilka razy.

Literatura nihilistyczna? Nie wiem, co by to miało właściwie znaczyć. Nihilistyczna, a więc głosząca, że nie można na niczym polegać, w nic wierzyć?

1933

Z bratem ciotecznym Mirkiem Kluźniakiem i ciocią Janią, około 1934

1943

1945

Na górze: z Tamarą, 1949 (w dniu ślubu)
Na dole: z Tamarą, 1949

Połowa lat pięćdziesiątych (w mieszkaniu na Świętojańskiej)

Rzym, 1955

Na górze: początek lat sześćdziesiątych
Na dole: z Tamarą i Agnieszką, około 1965

W polskich dyskusjach literackich posługiwano się zazwyczaj pojęciami, których sensu nikt nawet w przybliżeniu nie próbował wyjaśniać. Wydaje mi się, że Borowskiemu zarzucano, iż pokazuje człowieka całkowicie plastycznego, człowieka, z którym można zrobić wszystko. Czy to jest nihilizm?

Wiesz, nie mam dobrej definicji nihilizmu na podorędziu, ale na pierwszy rzut oka sądząc, taki stosunek do życia, owszem, można by nazwać nihilistycznym.

Może cynicznym?

Nie, nihilizm jest lepszym słowem na określenie takiej postawy wobec świata, że nie ma nic, czego można by się uczepić jako wartości, jako nadziei, i że człowiek jest całkowicie na łaskę okoliczności zdany, i zrobi wszystko, co okoliczności mu każą... To nie jest prawda.

Wbrew opinii wielu młodych ludzi z pokolenia „Solidarności", sądzę, że opowiadania Borowskiego nie są nihilistyczne. Claritas formy literackiej jest nie do pogodzenia z nihilizmem. Nihilizm jest destrukcją, a doskonała forma literacka prowadzi do harmonii. Można tak myśleć?

Chyba tak. W opowiadaniach Borowskiego zło jest przedstawione jako zło, a nihilizm to jest również negacja zła jako zła. Nihilista powiada: no, jest, jak jest, i już...

Jeśli pozwolisz, jeszcze do tego wrócimy. Teraz idźmy dalej. Kiedy w Warszawie wybuchło powstanie, byłeś w Garbatce?

Tak. Wiadomość o powstaniu dotarła tam bardzo szybko. Pamiętam wielu ludzi mówiących, że to szaleństwo.

A jaki jest twój stosunek do powstania?

Przyznaję, że nie mam na ten temat wyraźnego poglądu. Chciałbym mieć, ale nie mam. Nie robiłem żadnych studiów historycznych, brak mi wiedzy rzetelnej, jak rzecz naprawdę wyglądała od strony militarnej. Muszę przyjąć do wiadomości, że z punktu widzenia czysto wojskowego decyzja o rozpoczęciu powstania była w tamtych warunkach bardzo lekkomyślna. Tak mówią ci, co się na tych sprawach znają. Z drugiej strony pamiętam, Jan Nowak-Jeziorański, który brał udział w powstaniu, mówił, że to była rzecz niezwykle ważna dla Polski: gdyby nie powstanie warszawskie, to Stalin by Polskę wchłonął, przyłączył ją do Związku Radzieckiego. Oczywiście, tego rodzaju wydarzenia mają skutki nieprzewidywalne, najrozmaitsze. Ruina Warszawy, śmierć tak wielu spośród młodzieży dzielnej to była straszna klęska. A czy miało to dobre skutki dla przyszłości Polski, jak Nowak mówił? Nie wiem. Powtarzam, nie mam wyraźnego poglądu, choć mieć chciałbym. Norman Davies w swojej książce napisał, że dwóch na trzech indagowanych o powstanie profesorów Oksfordu polskiego pochodzenia powiedziało mu, że powstanie było zbrodnią. Ci trzej to mogli być tylko Zbigniew Pełczyński, Włodzimierz Brus i ja. Pełczyński sam brał udział w powstaniu. A ja na pewno nie powiedziałem, że powstanie było zbrodnią. Nigdy bym tak nie powiedział.

Dlaczego Davies tak napisał? Prostowałeś to publicznie?

Najpierw napisałem do niego list z pytaniem, skąd mu to do głowy przyszło. Odpowiedział, że miał z nami *interview*. Więc mu napisałem, że żadnego mojego *interview* z nim nie było. Wtedy on odpisał, że po angielsku *interview* znaczy co innego, niż ja myślę, że to niekoniecznie jest wywiad, ale także zwykła rozmowa. Nie mogłem spierać się z nim o angielszczyznę, ale przecież i rozmowy żadnej o powstaniu nie mieliśmy. Potem ten fragment z książki Daviesa przytoczył w „Polityce" Adam Szostkiewicz. Napisałem więc list do redakcji, zaprzeczając temu, jakobym powiedział, że powstanie to zbrodnia, bo tak nie myślę. Nie mogę wejść w skórę „Bora", Chruściela czy innych przywódców powstania, nie mogę ich potępiać, jest jasne, że oni chcieli powstanie wygrać, a nie przegrać. Mogli mieć przekonanie, że Armia Czerwona, która była już na prawym brzegu Wisły, przyjdzie nam z pomocą. Nie potrafię tego ocenić. Pamiętam, że w marcu czy kwietniu czterdziestego piątego roku, kiedy Warszawa była w zupełnej ruinie, pojechałem zobaczyć to miasto. I oglądałem je w tym stanie straszliwego zniszczenia, przeszedłem przez ruiny Śródmieścia. Gdzieś na reszcie muru zobaczyłem plakat przylepiony, a na plakacie zdanie, które mnie uderzyło: „Powstanie nasze jest częścią strategicznego planu aliantów i jako takie musi się udać"…

Czy ktoś z twojej rodziny zginął w powstaniu?

Nie, wtedy nie było tam mojej rodziny. No, ale zginęli różni ludzie, których znałem, oczywiście, dużo ich było. Marian Rapacki na przykład, o którym wspominałem wcześniej.

Do samego końca wojny byłeś w Garbatce?

Tak. Dokładnie w przeddzień wyzwolenia sowiecki pocisk artylcryjski uderzył w nasz dom i wybuchł na suficie. Pamiętam, jak pomyślałem: kto z nas zginął? Dom poszedł w ruinę kompletną, ale z siedmiu osób, które tam wtedy były, nikt nie został zabity ani nawet ranny. Moja ciotka Helena stała obok miejsca, w które pocisk uderzył, była w szoku, oczywiście, ale nawet jej nic się nie stało. Córka jej, Marysia, dziewczynka dziesięcioletnia, bawiła się akurat w piwnicy. Udało mi się ją stamtąd wyciągnąć, ona też była w szoku. Poszliśmy do schronu, pseudoschronu właściwie, zawracanie głowy, i tam siedzieliśmy do rana, aż przyszli żołnierze radzieccy. Wyzwolenie. Dziewiątego maja 1945 roku ciągle jeszcze mieszkałem w Garbatce. Pamiętam, jak żołnierze strzelali na wiwat. Bardzo byłem przejęty. Moment był poruszający – a więc się skończyła ta wojna straszna!

VI

Wyzwolenie czy „wyzwolenie" w cudzysłowie, jak wielu z goryczą mówiło. Co o tym myślałeś?

Wyzwolenie. Ci żołnierze sowieccy, których zobaczyłem wtedy, nie przyszli, żeby nas zabijać przecież. Nie miałem absolutnie żadnych konfliktów z nimi i nic nie wiedziałem o tym, czy i co złego robili. Owszem, słyszało się, że gwałcili kobiety i kradli, ja tego nie widziałem ani nie znam nikogo, kto by widział, ale to na pewno się zdarzało, chociaż nie na taką skalę jak później w Niemczech. Ale ci żołnierze zwykli u nas ginęli i nas wyzwolili. Wychodziliśmy na ulice bez strachu, że za chwilę nadjadą autobusy z żandarmami, którzy będą nas wyłapywać jak zwierzęta albo stawiać pod murem i rozstrzeliwać.

Mówisz o żołnierzach, o armii. Ale razem z nią wkraczała do Polski nowa, obca władza, nowy porządek. Miałeś siedemnaście lat. Co wiedziałeś już o sowieckim systemie?

Nic. To jest najprostsza odpowiedź. O systemie sowieckim nie miałem pojęcia. Wiedziałem, że w Rosji była rewolucja, że był Lenin i Stalin. To wszystko.

A słyszałeś o Katyniu?

O Katyniu wszyscy usłyszeli, kiedy Niemcy to ogłosili w 1943 roku. Pomyślałem wtedy od razu: dlaczego ja mam wierzyć w to, co mówią Niemcy? Miałem wtedy instynktowną sympatię raczej do Związku Radzieckiego. Więc z początku nie uwierzyłem po prostu. A po wojnie, kiedy stało się jasne, że to jednak Rosjanie zrobili, tłumaczyłem sobie głupio: straszna historia, pewnie jakiś generał miejscowy się przestraszył, postanowił zabić tych oficerów i na własny rachunek wydał rozkaz. Wiem, że na Stalina, na władzę sowiecką inaczej patrzyli ludzie z drugiej strony Wisły, z prawego brzegu. Tam już nowy porządek trwał pół roku, a nawet dłużej, było dużo aresztowań, były wywózki i już duża część ludzi wiedziała, że to jest coś wrogiego. Ja cieszyłem się, że będzie normalne życie, którego nie było przecież pod uciskiem okupanta niemieckiego. Że będą normalne szkoły, normalne uniwersytety.

No, do normalności to chyba było jeszcze daleko.

Oczywiście, istniało podziemie zbrojne. Znałem ludzi, którzy brali w nim udział. To, co oni robili, było dla mnie bardzo antypatyczne, oczywiście nie dlatego, bym uważał, że wszyscy są entuzjastami nowego porządku. W Garbatce, gdzie mieszkałem do września czterdziestego piątego, był jeden jedyny pepeerowiec, który się ujawnił wtedy, nauczyciel. No i wkrótce potem ludzie z podziemia go zamordowali.

Jacy ludzie? Z jakiego odłamu? Narodowych Sił Zbrojnych?

Przypuszczam, ale nie wiem na pewno. Nie znam wszystkich rozgałęzień podziemia, są na ten temat książki, których nie czytałem. W dużym stopniu to było podziemie eneszetowskie. Oni, dopóki istnieli, łapali jakichś ludzi i jak ktoś miał legitymację PPR, to go mordowali. Żydów także mordowali... To podziemie zostało potem zdławione, długo to trwało, ale zostało zdławione zupełnie. Wiedziałem, że ludzi, którzy są w podziemiu i stawiają władzy opór zbrojny, się aresztuje, że ci ludzie siedzą w więzieniach, że dostają wyroki śmierci, wiedziałem o tym, oczywiście, ale uważałem to, bo ja wiem, za taką rzecz normalną.

Podziemie, jak mówisz, było rozgałęzione. Z akowcami miałeś jakieś kontakty?

Do Garbatki przyjechała raz grupa akowców, ale długo się nie zatrzymali. To już było w czasie, kiedy Niemcy zbliżali się do upadku. Pamiętam, że raz jeden jedyny rozmawiałem po niemiecku z niemieckimi żołnierzami, byli też wśród nich własowcy. Niemcy już się orientowali w sytuacji, wiedzieli, że ich koniec jest bliski. Po wojnie miałem wielu znajomych Niemców. Oczywiście, wszyscy, którzy byli w odpowiednim wieku, trafiali do Wehrmachtu. To jasne, nie można mieć o to pretensji, przymusowo ich wcielano.

Benedykta XVI wcielono do Hitlerjugend.

Oczywiście, trafił tam jak wszyscy z jego rocznika. A wracając do akowców, nie znałem żadnego, który zostałby aresztowany czy wsadzony do więzienia.

No, jednak aresztowania wśród akowców były masowe.

Wiem, ale – powtarzam – nikogo z moich znajomych nie aresztowano, a znałem akowców bardzo wielu. Raz jeden byłem na jakimś procesie, nie pamiętam już nazwiska tego człowieka sądzonego za dywersyjne działania, nie był moim znajomym... Oczywiście, że było wiele procesów, czytaliśmy o nich w gazetach, o niektórych przynajmniej. I wierzyliśmy...

Wierzyliście komu? Czy raczej: w co?

Wierzyliśmy w walkę polityczną. Walka trwała, istniały grupy podziemne, strzelali do nas, ja też mogłem zostać zabity.

Miłośnicy Garbatki piszą na swojej stronie internetowej, że przed wyjazdem do Łodzi we wrześniu czterdziestego piątego próbowałeś bezskutecznie zorganizować miejscowe Koło Związku Walki Młodych.

Nie byłem jego organizatorem, ktoś z Warszawy przyjechał, aby takie koło założyć, i wtedy się do niego zapisałem. Co nie miało żadnych konsekwencji zresztą, bo ono nie przetrwało. Okazało się, że człowiek, który tym kołem kierował, był w NSZ i wkrótce go aresztowano za zabójstwo tamtego nauczyciela, pepeerowca, i kilku innych osób. Później przeczytałem w gazecie, że skazany został na śmierć. Koło się rozpadło. Było tam kilku moich kolegów, z którymi widywaliśmy się często i z których prócz mnie jeden jeszcze tylko żyje, Witold Popielewicz, pozostali umarli.

Do Łodzi pojechałeś studiować. Czy wiedziałeś już co?

Przede wszystkim chciałem zdać maturę. Pracowałem bardzo intensywnie, żeby zdobyć całą wiedzę szkolną. Miałem podręczniki licealne i sam się wszystkiego uczyłem. W Łodzi po prostu poszedłem do jakiegoś gimnazjum i zdawałem ze wszystkich przedmiotów po kolei.

Jak ci poszło?

Jakoś zdałem, ale raczej bez chwały. Z humanistycznych przedmiotów na pewno lepiej. Pamiętam, że z polskiego pisałem wypracowanie „O postawie poetów romantycznych wobec tragedii niewoli". I bardzo zjechałem tych romantyków, że oni właściwie nic pożytecznego dla narodu nie zrobili. Mickiewicz niby jechał do Polski, ale w Poznańskiem zakochał się w pannie Konstancji Łubieńskiej i nie zdążył już na powstanie listopadowe, a Słowacki w ogóle wyjechał z kraju, bardzo byłem tym zgorszony. Drugie wypracowanie, które pamiętam, z literatury francuskiej, było o *Kwiatach zła* Baudelaire'a, cytowałem w nim złośliwie rozmaite obsceniczne fragmenty. Polską i francuską literaturę znałem nieźle, ale na egzaminach z pozostałych przedmiotów czułem się znacznie mniej pewnie. Na szczęście nie ze wszystkiego mnie pytali, na przykład z chemii, którą umiałem bardzo źle. Pamiętam, że tego dnia, kiedy zdałem maturę, pierwszy raz w życiu poszedłem do teatru na przedstawienie, grano chyba sztukę Gabrieli Zapolskiej.

Gdzie zamieszkałeś w Łodzi po maturze?

U ciotki, która wróciła do mieszkania przedwojennego, oczywiście obrabowanego już doszczętnie. Zanim zapisałem się na uniwersytet, poszedłem do profesora Benedykta Bornsteina, człowieka bardzo uczonego i pomysłowego filozoficznie, który mniej więcej rok po wojnie umarł i jest dziś całkiem, a niesłusznie, zapomniany. Poszedłem do niego – zarekomendował mnie chyba Kazimierz Błeszyński – aby się rozeznać, czego na uniwersytecie uczą. Bornstein doradził mi wydział humanistyczny i zapisałem się na sekcję filozofii, czy raczej filozofii ścisłej, jak się ją nazywało, nie dlatego, żeby filozofia była wiedzą ścisłą w jakimkolwiek znaczeniu, ale po to, by ją odróżnić od innych dziedzin humanistyki, które tradycyjnie do filozofii się zaliczało. Chętnych do studiowania było dużo, nie zdawało się egzaminów wstępnych, wystarczała matura. Na tle zrujnowanej Warszawy Łódź wyrastała na stolicę kulturalną kraju i na uniwersytecie działo się mnóstwo ciekawych rzeczy. W czterdziestym piątym roku cała struktura nauczania była jeszcze przedwojenna.

Nie bez znaczenia było z pewnością to, że status szkół wyższych opierał się wtedy jeszcze na ustawie z piętnastego marca 1933 roku, co zapewniało władzom uczelni pewną autonomię wewnętrzną. Chodziło głównie o zakres uprawnień rektorskich, o ograniczenie prawa wkraczania służby bezpieczeństwa na teren uczelni, o warunki działania organizacji studenckich i o dyscyplinarną odpowiedzialność młodzieży akademickiej wobec władz uczelni. Adam Leśniewski, autor ciekawej książki o Akademickim Związku Walki Młodych „Życie" w Łodzi, twierdzi wręcz, że w pierwszych latach istnienia Polski Lu-

*dowej ustawa z 1933 roku była rodzajem azylu dla studentów
wrogich nowemu porządkowi. Inna rzecz, dodaje, że łódzkiemu
środowisku uniwersyteckiemu decydujący ton nadawali uczeni
związani z przedwojenną liberalną Wolną Wszechnicą oraz
profesorowie, którzy w okresie sanacyjnym wyróżniali się de-
mokratyczną i laicką postawą.*

Rektorem uniwersytetu został Tadeusz Kotarbiński, który
miał autorytet i doskonałą reputację z lat międzywojennych.
Pamiętano odwagę, z jaką występował przeciwko gettu ław-
kowemu i innym antysemickim wybrykom. W Łodzi często
bronił studentów, których władze chciały represjonować.

*Leśniewski we wspomnianej książce opisuje między innymi
sprawę sztandaru uniwersyteckiego, na który studenci zbierali
pieniądze. Koło Prawników i Ekonomistów zaproponowało,
aby na sztandarze wypisane zostało hasło „Prawda i Wolność",
co, zdaniem niektórych, kojarzyło się z podziemną „Wolno-
ścią i Niepodległością". Rektor Kotarbiński, przemawiając na
pierwszej sesji naukowej uczelni, powiedział w związku z tym:
„Niechże Uniwersytet Łódzki chce być nadal przybytkiem praw-
domównego i do prawdy obiektywnej dążącego nauczycielstwa.
Jeśli zaś do tego będzie się poczuwał, wówczas słowa wypisane
na jego sztandarze nie stracą nic z aktualności i istotnego walo-
ru. Są to bowiem wielkie monumentalne niezmienniki w dobie
wielkiej powszechnej przemiany".*

Powtarzam: dzięki moim nauczycielom akademickim mam
poczucie, że skończyłem uczelnię przedwojenną.

Jakich profesorów i jakie zajęcia najlepiej pamiętasz?

Tadeusz Kotarbiński prowadził z nami zajęcia z prakseologii, teorii organizacji i teorii sprawnego działania, a więc z ulubionej swojej dziedziny. Ale spotykaliśmy się z nim przy różnych innych okazjach i dyskusjach na tematy najrozmaitsze. Z wielką życzliwością, ale nieustępliwie, wymagał od nas, byśmy starali się zachować wszystkie warunki, jakie myślenie czynią rzetelnym. Koledzy moi zgodziliby się na pewno z tym, że nie spotkali wielu ludzi, z którymi kontakt był w ich życiu źródłem równego wzbogacenia. Logiki uczyła nas Janina Kotarbińska, z początku jeszcze jako Kamińska, i śladem męża chciała nie tylko wiedzę o logice formalnej i semantyce nam przekazać, ale także ćwiczyć w ogólnych regułach rzetelności w myśleniu, odpowiedzialności i dokładności. Z Poznania dojeżdżał Kazimierz Ajdukiewicz, który prowadził znakomity kurs logiki matematycznej. Bardzo ważne były seminaria i wykłady z etyki prowadzone przez Marię Ossowską, która przekonywała nas z jednej strony, że rozróżnienie dobra i zła oraz opinie na temat tego, co złe, a co dobre, co wolno, a czego nie wolno w moralnym sensie, nie mają wartości logicznej, nie są ani prawdziwe, ani fałszywe, ale z drugiej strony sama doskonale wiedziała, jak zło od dobra odróżnić. Pamiętam seminaria socjologiczne Józefa Chałasińskiego, podczas których często dochodziło do różnych starć politycznych, bo tematy zajęć nierzadko polityki dotyczyły. Chodziłem na kurs neurofizjologii specjalnie dla humanistów prowadzony przez profesora Konorskiego, na wykłady Sergiusza Hessena z filozofii greckiej i Wiktora Wąsika z filozofii renesansu, a także na wykład profesora Michalskiego z literatur Indii, starszy ten uczony był wielkim znawcą filozofii i religii orientalnych.

Wykład z literatur Indii w Łodzi w czterdziestym piątym roku!
Ciekawe, ilu studentów go słuchało.

Przez jakiś czas byłem jedynym słuchaczem, ale odnosiłem wrażenie, że gdyby mnie nie było, profesor Michalski też by wykładał do pustej sali. Ze swoim przyjacielem Ryszardem Herczyńskim, który matematykę studiował, chodziłem na seminaria Henryka Mehlberga z teorii nauki. Jako wszechwiedzący dwudziestolatek przeprowadziłem tam druzgocącą polemikę z teoriami Poincarégo, wielkiego matematyka francuskiego. Zatroskany Mehlberg tłumaczył mi łagodnie: „Panie Leszku, może ten Poincaré nie jest aż taki głupi...". Pamiętam wreszcie zajęcia i wykłady profesora Oko na temat poezji rzymskiej, głównie Horacego. Wykładał on – co było niezwykłe – po łacinie.

Rozumiałeś te wykłady?

Tak, bo to nie była łacina cycerońska, zawiła, z długimi okresami, to była prosta łacina, mogłem ją zrozumieć bez trudu. Myślałem, żeby studiować filologię klasyczną, i chciałem się zapisać na te studia, ale w końcu zrezygnowałem, bo za bardzo byłem już zajęty sprawami politycznymi; głupio postąpiłem, trzeba było nad greką siedzieć.

Od razu, jak tylko zapisałeś się na uniwersytet, wstąpiłeś do PPR?

Najpierw wstąpiłem do AZWM „Życie", do PPR wkrótce potem, w listopadzie, może w grudniu. Ale już znacznie wcześniej, w czasie wojny, jako piętnastolatek chciałem wstąpić do PPR i do Gwardii Ludowej, tylko wtedy mnie nie przyjęli. Usłyszałem: „Nie rób tego, nie warto, żebyś zginął teraz, bo nasza partia po wojnie będzie miała mało inteligentów". Nie miałem jeszcze nawet matury, nie czułem się inteligentem, no, ale tak mnie traktowali, jakbym już nim był.

Jak zostawało się wtedy członkiem partii?

Zupełnie inaczej niż teraz. Nie można było – przynajmniej w PPR – po prostu przyjść i się zapisać. Potrzebni byli dwaj wprowadzający. Procedura wymagała, by kandydat stawił się na zebraniu, wygłosił swój życiorys i odpowiadał na pytania; każdy mógł go maglować, o co chciał. Sprawdzano, czy to nie jest wróg przypadkiem. Wszystko bardzo serio.

Wiedziałeś, że PPR jest partią komunistyczną?

Wiedziałem, oczywiście. I wolałbym, żeby nazywała się komunistyczna, a nie robotnicza.

Dlaczego?

Bo chciałem, żeby wszystko było jasne, żeby partia nie szła na taktyczne ustępstwa. Kiedy wchodziło się do lokali partyjnych, do szkoły partyjnej, na ścianach nie było Lenina czy Stalina, tylko wisiały tam portrety Tadeusza Kościuszki. A ja wiedziałem, że jestem w partii komunistycznej, pod tym względem nie byłem zakłamany. Wiedziałem, że partia oszukuje ludzi, podając się za organizację, która z komunizmem nie ma nic wspólnego albo ma bardzo niewiele, jest postępowa, patriotyczna i tak dalej. Na tym etapie ludzi nie należało zniechęcać.

„Kiedy ryba chwyta przynętę, należy popuścić linkę" – tak to Miłosz opisywał.

Tak. A ja wtedy nie lubiłem tego kamuflażu. Nie tylko ja. W AZWM „Życie" nie było nas wielu – kilkadziesiąt osób ze wszystkich uczelni łódzkich. Ale wszyscy uważaliśmy się za komunistów.

Ale byliście też członkami partii. Obowiązywała was partyjna dyscyplina. Aktualna linia polityczna. Taktyka. Strategia. W 1945 roku AZWM „Życie" zaczął wydawać swoje pismo, dwutygodnik. Byłeś w zespole redakcyjnym. Pierwsza redakcja, w której pracowałeś.

Trudno to nazwać pracą. Wyszły chyba trzy numery tego pisma. Rozdawaliśmy je za darmo.

Znalazłem te numery w Bibliotece Sejmowej. Pierwszy otwiera wstępniak pod tytułem O co właściwie chodzi?

Przypomnij mi o co?

„Akademicki Związek Walki Młodych »Życie« jest szeroką, masową organizacją, do której należą zarówno zwolennicy światopoglądu marksistowskiego, jak liberalni demokraci, wierzący chrześcijanie i tak dalej. Umieliśmy wspólnie łączyć się w szeregach AK, AL i BCh, »dzieląc się chlebem i amunicją«, musimy umieć wspólnie odbudowywać ojczyznę. I o to właśnie chodzi".

No tak, to wygląda na ustępstwo taktyczne. Ale – jak powiadam – uważaliśmy się za komunistów.

Co znaczyło wtedy dla was, bardzo młodych ludzi, „uważać się za komunistów"? Czym był komunizm dla ciebie, kiedy miałeś osiemnaście lat?

Na pewno nie był rezultatem działania prawa wartości, czymś potrzebnym do uzgodnienia stosunków produkcyjnych z poziomem sił wytwórczych. Komunizm był dla nas pogromcą nazizmu, mitem Lepszego Świata, tęsknotą za życiem bez zbrodni i poniżenia, królestwem równości i swobody... Był celem, który może usprawiedliwić wszystko.

Wszystko?

Tak jest. Wierzyliśmy, że trzeba komunizm wprowadzać nawet przemocą, bo to jest przyszłość ludzkości.

Miałeś poczucie, że jesteście jedynymi sprawiedliwymi w Sodomie?

Coś w tym rodzaju. Wydawało nam się, że w pewnym sensie jesteśmy wybrańcami, elitą, która dostąpiła wtajemniczenia i wie różne rzeczy, o których nie wiedzą inni. Młodzieńcze urojenia. Głupstwa...

Podobno AZWM „Życie" miał w Łodzi swoje skrzydło wyjątkowo radykalne, coś w rodzaju nieformalnej grupy nazywanej dzierżyńszczakami. Byłeś dzierżyńszczakiem?

Mgliście przypominam sobie takie określenie...

Tadeusz Drewnowski pisze w swoich wspomnieniach, że któregoś dnia trafił przypadkiem na zebranie tej grupy i był przerażony, bo dzierżyńszczacy śpiewali piosenkę, w której powtarzał się refren „O polską republikę Rad".

To była piosenka do słów Brunona Jasieńskiego. Jest możliwe, że ją śpiewaliśmy na jakimś towarzyskim spotkaniu, nie było żadnych „zebrań grupy". Śpiewaliśmy tę piosenkę raczej w intencji satyrycznej, prowokacyjnie.

Prowokacyjnie wobec kogo?

Wobec ludzkości.

Ktoś to jednak może brał na serio? Czy któremuś z twoich kolegów partyjnych bliski był pogląd, że Polska powinna zostać sowiecką republiką?

Nie sądzę. W tej formie tak wyraźnej nie. Tak naprawdę nie wiedzieliśmy prawie nic o Związku Radzieckim, ale roiły nam się w głowach bzdurne, fantastyczne wizje, że komunizm będzie się stamtąd na świat rozszerzał, że powstanie nowy wspaniały świat bez podziałów i granic...

Jak w wierszu, który cytowałeś po latach z sarkazmem:

„Na ten dzień krasnolicy i gwarny
Zwiastowany przez grad i szkwał,
Zasiądziemy, czerwony i czarny,
Zmywać barwy z sztandarów i z ciał".

Swoją drogą, ty też debiutowałeś jako poeta. W 1945 roku, na łamach pierwszego numeru „Życia", dwutygodnika, które wasza organizacja AZWM „Życie" zaczęła wydawać, ukazał się twój wiersz podpisany pseudonimem Krzysztof Leszczyński.

Zgroza. Mam nadzieję, że nie czytałeś?

Czytałem, a jakże. Wiersz ma tytuł Jutrznia się rodzi… *Twój przyjaciel Wiktor Woroszylski przytoczył go w całości w książce pod tytułem* Tranzytem przez Łódź.

Widać bardzo chciał mi dokuczyć.

„Jutrznia się rodzi, jutrznia drga
Znad rozrytego walką gruntu:
Czas przyszedł w mrok krzywdy i zła
Rzucić płonącą żagiew buntu".

Ja uważam, że ten wiersz jest ciekawy. Słowo „jutrznia" ma w sobie coś niebanalnego. W poetyce rewolucyjnej zawsze pojawiała się „jutrzenka".

Daj spokój tym głupstwom.

- VII -

Mit Lepszego Świata to jedno, a partyjny aparat to drugie.
Ciekawią mnie twoje kontakty z ludźmi, którzy mit mieli
wcielać w życie. W twoich studenckich latach szefem Urzędu
Bezpieczeństwa w Łodzi, a zarazem członkiem egzekutywy
Komitetu Miejskiego PPR był Mieczysław Moczar. Stykałeś
się z nim bezpośrednio?

Moczar był kimś więcej niż tylko szefem wojewódzkiej
bezpieki. On był wtedy jedną z czołowych figur w bezpiece
ogólnopolskiej. Pamiętam, że może ze dwa razy przyszedł
na nasze zebranie partyjne, ale nie mogę powiedzieć, że
go znałem. Znałem natomiast jego żonę, Irkę Orlikowską,
która była członkiem naszej organizacji. Pierwszym sekretarzem Komitetu Miejskiego w Łodzi był Ignacy Loga-
-Sowiński. Z nim się nieraz widywałem. Jak większość
przedwojennych komunistów był to człowiek ideowo naprawdę zaangażowany, ale słabo wykształcony, i nieraz po
prostu wystawiał się na pośmiewisko. Mówiono: jednostka
inteligencji – jedna loga… Żona Logi rozeszła się z nim
i wyszła za mąż za Jerzego Morawskiego, który był potem

w sekretariacie KC jednym z sekretarzy popierających od- wilż. Obok aparatczyków, takich jak Loga, w środowisku pepeerowskim było trochę inteligencji prawdziwej, niedu- żo, ale trochę było. Żywy kontakt mieliśmy ze Stefanem Żółkiewskim, redaktorem naczelnym „Kuźnicy". To był człowiek wybitnie inteligentny, bardzo nam wtedy impo- nował. Przyjeżdżał też do Łodzi Władysław Bieńkowski, ówczesny wiceminister oświaty. W PPR był też, wtedy go poznałem, Kazimierz Brandys. Z jego bratem Marianem zetknąłem się później.

A Jan Kott?

Owszem, poznałem go, miał wygłosić u nas jakiś referat, czekaliśmy długo, ale nie przychodził, więc poszedłem do jego mieszkania, żeby się dowiedzieć, czy dotarł do Łodzi. Okazało się, że jest bardzo zmęczony, bo dopiero co wrócił z Warszawy. Powiedział mi, że miał długą roz- mowę z Hilarym Mincem. I wkrótce potem napisał bro- szurę o węglu. „Węgiel" to było wtedy słowo o znaczeniu strategicznym. Chodziły plotki, że Związek Radziecki nas z węgla obrabowuje. Więc Kott po rozmowie z Min- cem napisał broszurę o węglu i wszystko tam wyjaśnił. Pamiętam też, że powstała specjalna grupa, która miała spotykać się co jakiś czas i gadać o pracy partyjnej wśród inteligencji, zostałem w tej grupie przedstawicielem stu- dentów, zawracanie głowy. Ale był tam między innymi Leon Schiller, aktorka Jadwiga Chojnacka, ktoś z pro- fesorów, nie pamiętam już kto, wśród profesury bardzo niewielu było członków partii.

Podobno niektórzy profesorowie specjalnie obcinali partyjnych studentów. Kto przychodził na egzamin ze znaczkiem AZWM „Życie" w klapie, szybko wylatywał za drzwi.

Nie wydaje mi się, żeby tak było, zwłaszcza na pierwszych latach studiów. Ja w każdym razie miałem z profesorami bardzo dobre kontakty.

A może profesorowie się bali? Może ktoś z was, partyjnych, próbował ich zaszantażować?

Nie sądzę. Pamiętam natomiast, że profesor Maria Ossowska na egzemplarzu swojej pierwszej powojennej książki wydanej w roku czterdziestym szóstym, *Podstawy nauki o moralności*, napisała mi dedykację w postaci ostrzegawczego życzenia, aby podstawy moralności (nie zaś podstawy nauki o moralności) autorki i właściciela książki nie znalazły się w kolizji. Wyrozumiałości profesor Ossowskiej zawdzięczam, że pozostaliśmy w przyjaznych stosunkach w późniejszych, gorszych znacznie latach, kiedy ona sama, podobnie jak Stanisław Ossowski, została odsunięta od pracy nauczycielskiej.

Jaki był twój stosunek do profesora Adama Schaffa? Od roku 1946 Schaff kierował na uniwersytecie katedrą marksistowską, która miała zakamuflowaną nazwę.

Nie był on moim nauczycielem. Przez jakiś czas, owszem, chadzałem na jego seminaria, niekiedy on pojawiał się w naszej organizacji partyjnej, ale nie był to człowiek, którego mógłbym jako nauczyciela traktować. Dość wcześnie zorientowałem się, że to jest umysł prostacki. Oczywiście, nie był troglodytą i nieukiem zupełnym jak filozofowie sowieccy, to był człowiek ogładzony, bywający w świecie, znający obce języki. Miał swoje dobre strony, wielu ludziom pomagał, nie mścił się na ludziach, ale intelektualnie to było zero. Niczego nie dawało się od niego nauczyć. Książki, które napisał, wydawały mi się po prostu głupie. Książka o marksistowskiej teorii praw życia społecznego to był już zupełny bełkot, bezmyślne klepanie marksistowskiej katechezy, której Schaff się nauczył w Rosji, oczywiście, będąc tam w czasie wojny.

Podobno dochodziło między wami do ostrych polemik publicznie?

Owszem, ale nie pamiętam już ich treści, nie umiem tego wyłożyć w detalach.

Czy partia wysyłała was z jakimiś zadaniami w tak zwany teren?

Niektórzy z nas jeździli wygłaszać jakieś odczyty propagandowe.

Dla kogo były przeznaczone?

Głównie dla członków partii, ale też dla bezpartyjnych. To były odczyty na aktualne tematy polityczne, polskie i międzynarodowe. Bywałem z takimi odczytami w różnych miastach, toczyły się dyskusje, czasami ostre, ale nie działo się tam nic specjalnie drastycznego.

Czułeś czasami zagrożenie? Miałeś broń?

Niektórzy działacze PPR byli uzbrojeni. Ja miałem, pamiętam, kolejno dwa pistolety – najpierw czeską zbrojówkę, a potem parabellum. Mój kolega Ryszard Herczyński, który chodził w butach z cholewami, miał nagana.

Użyłeś kiedyś broni?

Nie. Nigdy nie użyłem pistoletu. Nie strzelałem do nikogo i do mnie też nie strzelano. Ale nosiliśmy broń, bo nie wiadomo było, co się zdarzy. Miałem poczucie, że na któregoś z nas podziemie w każdej chwili może zrobić zamach. To nie była fikcja wtedy.

Miałeś poczucie wyobcowania?

Wiedziałem, że stanowimy bardzo niewielką mniejszość, że studenci z tak zwanych środowisk patriotycznych nie bardzo nas lubią, ale jednak nie byliśmy grupą całkowicie izolowaną. Mieliśmy przecież kontakty i przyjaźnie z ludźmi bezpartyjnymi. Ja na przykład byłem na filozofii jedynym partyjnym, niemniej miałem bardzo dobre stosunki z kolegami. Dzisiaj żyje z nich tylko Marian Przełęcki, emerytowany profesor warszawski, z którym zawsze się spotykam, kiedy przyjeżdżam do Warszawy. A inni poumierali, całkiem niedawno: Ija Lazari-Pawłowska, Klemens Szaniawski...

Twój przyjaciel Wiktor Woroszylski przedstawiał tamten czas w bardziej jaskrawy i gorący sposób. „Wszystko to dzieje się w czasach, gdy noce polskie rozbrzmiewają odgłosami strzałów – a choć wojna skończyła się, nie są to strzały na wiwat [...] Walka, front, natarcie, odwrót, zwycięstwo – oto kategorie, w których widzi się rzeczywistość i siebie w niej [...] Nie ma więc rozmów obojętnych – każda jest obroną i atakiem – manifestacją i walką – kły na kły – argument na argument – szyderstwo i patos na szyderstwo i patos [...] Wszędzie – na ulicy, w Bratniaku, w stołówce – jest się na froncie – wszędzie trzeba nacierać, wszczynać dyskusje, burzyć pozorny spokój, zmuszać do wyboru". I wspominał ciebie jako pogromcę „czyścioszków i pięknoduchów", wygłaszającego druzgocące oracje i ośmieszającego przeciwników.

A ja pamiętam zebrania naszej organizacji czy zebrania kółka filozoficznego, które wcale nie były podminowane politycznie. Na jednym z tych zebrań wygłaszałem referat o egzystencjalizmie.

Już wtedy? Który to był rok?

1946. Tak się złożyło, że Witek Woroszylski, będąc na pierwszym roku medycyny, pojechał z wycieczką studencką do Danii. I przywiózł mi stamtąd książeczkę Sartre'a *Egzystencjalizm jest humanizmem*. Przeczytałem ją i przedstawiłem na zebraniu.

Krytycznie?

Pewnie tak, ale nie była to jakaś krytyka pryncypialna. A wracając do sprawy wyobcowania. Na kilka tysięcy studentów wszystkich łódzkich uczelni – Uniwersytetu, Politechniki, Szkoły Ekonomicznej – było nas, partyjnych, kilkadziesiąt osób. Jeśli nawet odnoszono się do nas nieprzyjaźnie, nic z tego nie wynikało specjalnie, nie było bójek, nie było momentów dramatycznych.

Czytałem, że groźną sytuację w łódzkim środowisku spowodowała śmierć studentki Marii Tyrankiewicz, którą podobno zgwałcił i zamordował żołnierz radziecki. Pogrzeb tej dziewczyny miał być polityczną manifestacją. Obawiano się rozruchów antyradzieckich.

My na ten pogrzeb poszliśmy, żeby nie odcinać się od sprawy. Zabójcy nie odnaleziono, ale bardzo możliwe, że był nim sowiecki żołnierz. Na pogrzeb przyszło mnóstwo ludzi i widać było, że coś niebezpiecznego się szykuje. Ale tłum się rozszedł na szczęście.

Podobno wzywano do zdemolowania redakcji „Głosu Robotniczego", która zamieściła nieprzychylny wobec studentów komentarz.

Być może, ale nic takiego nie nastąpiło jednak. Pamiętam jeszcze pogrzeb działacza PSL – nazywał się bodaj Ściborek – zabitego prawdopodobnie przez bezpiekę. Na ten pogrzeb też poszliśmy i tam w środku miasta, na Piotrkowskiej, odbyła się antyrządowa demonstracja studencka. Przyjechało wojsko i żołnierze zaczęli strzelać w powietrze. I jeszcze jeden pogrzeb pamiętam, na którym byłem, a właściwie jedną scenę z tego pogrzebu. Zaczepił mnie jakiś przechodzień i pyta: „Panie, dlaczego tu tylu Żydów idzie z tym pogrzebem?". Ja na to: „No bo ten, kto umarł, był Żydem". „O – mówi wtedy – jak Żyd umarł, to już mnie to nie interesuje".

Czy w środowisku akademickim miały swoje wpływy organizacje skrajnie prawicowe, tajne, związane z NSZ?

Do czasu rozbicia podziemia na pewno tak.

Tadeusz Drewnowski w swoich wspomnieniach pisze, że chociaż łódzki uniwersytet różnił się wówczas dość znacznie od innych uczelni w kraju, to jednak i tu „dominował, przynajmniej zewnętrznie, typ przedwojennego studenta". I dodaje: „Nie chcę powiedzieć – korporanta czy pałkarza, lecz po części złotego młodzieńca, po części apolitycznego lub bigoteryjnego inteligenta". Przynajmniej do wyborów 1947 roku toczyła się ostra walka polityczna, w której AZWM „Życie" brał udział jako organizacja najbardziej na uczelni lewicowa i radykalna. Można odnieść wrażenie, że zdobycie władzy było dla was, partyjnych studentów, o wiele ważniejsze niż zdobycie wiedzy. Raz jeszcze zacytuję Woroszylskiego: „Studia są najmniej ważne, są nieomalże zwykłym pretekstem do przygody aktywisty albo – jeśli kto woli – apostoła, misjonarza, emisariusza".

Ja bym tak o sobie nie powiedział. I nie tylko o sobie. Nie czułem się wyjątkiem. W naszej organizacji partyjnej położono duży nacisk na to, że mamy się dobrze uczyć, być dobrymi studentami. I wielu z nas było takimi, także spośród tych, którzy najbardziej angażowali się politycznie. Rysiek Herczyński na przykład był jako działacz bardzo czynny, ale zdawał doskonale wszystkie egzaminy w terminie, a potem pojechał na aspiranturę do Moskwy i tam ją skończył. Byli ludzie z medycyny, Czesio Maśliński na przykład i jego żona Halina, która filozofię ze mną studiowała. Z Politechniki był Tadek Dryzek, przewodniczący „Życia", późniejszy inżynier. Ich dyplomy nie były fikcyjne, nie partia je dawała, tylko profesorowie uczelni. Wymagający profesorowie.

Czy jednak poziom studiów nie obniżał się w związku z tendencją do „demokratyzowania" uczelni poprzez wprowadzanie rozmaitych ulg i preferencji dla młodzieży z nizin społecznych?

Tak zwane punkty za pochodzenie wprowadzono dopiero parę lat później. W praktyce było to zresztą o wiele mniej groźne w skutkach, niż się mogło wydawać. Pracowałem wiele razy w komisjach egzaminacyjnych. Jeżeli trafiał się kandydat naprawdę marny, nieprzygotowany, ale który mógłby trafić na uczelnię dzięki „pochodzeniu", to się go oblewało po prostu. Ale wtedy, na początku, w latach czterdzieści pięć–czterdzieści siedem, o punktach za pochodzenie nie było jeszcze mowy. Z inicjatywy „Życia" zorganizowano kursy przygotowawcze dla młodzieży robotniczej i chłopskiej, ale tym, którzy je skończyli, stawiano takie same wymagania jak wszystkim innym.

Podobno wśród kursantów częste były załamania psychiczne, zdarzały się nawet samobójstwa. Na początku roku 1947 tygodnik „Po prostu" opublikował twój artykuł pod tytułem Przełom będzie! *Piszesz tam, że uniwersytet nie tylko daje, ale i wymaga. „Wiemy, że odsetek odpadających po pierwszym roku studiów jest na niektórych wydziałach (prawo!) fantastycznie wysoki. Wiemy, że częsta droga niektórych studentek: rok stomatologii, oblane egzaminy, rok prawa, małżeństwo, koniec studiów – jest naprawdę dla nas zbyt kosztowna. Nieróbstwo na uczelniach musi się skończyć. Żadne wydziały nie będą już azylem dla rozpróżniaczonych bałaganiarzy".*

Nic z tego artykułu nie pamiętam, oczywiście.

Czytałem, że przeciwko obniżaniu wymagań na uczelni, na przykład przez zniesienie egzaminu wstępnego na pierwszy rok studiów dla młodzieży robotniczej, chłopskiej czy po prostu „lewicowej", występował rektor Kotarbiński. W artykule Numerus clausus *pisał: „Kto ma większe prawo od innych, większe prawo do wejścia [na uniwersytet] przez niedomknięte drzwi? Jedną tylko widzimy na te pytania odpowiedź zgodną z poczuciem słuszności: równy start dla wszystkich i niechaj rozstrzyga porównawcza próba uzdolnień i nabytej wiedzy przygotowanej, poważny, rzetelny egzamin wstępny. Młodzież zorganizowana w zrzeszeniach postępowych winna przodować, wyróżniać się pracą. W żadnym wypadku nie żądać dla siebie przywilejów. Dzielnego lewicowca obowiązuje* fair play. *Trzeba być prawym, jeśli się jest lewym. Więc do równego startu wszyscy".*

Nie wspomniałem jeszcze, że przez prawie rok, a może dłużej, pracowałem jako prezes Bratniej Pomocy Studenckiej, tak zwanego Bratniaka. Bardzo niechętnie przyjąłem tę funkcję, właściwie mnie do tego zmuszono.

Kto cię zmusił?

Organizacja partyjna, chociaż formalnie byłem mianowany przez rektora. Musiałem się zajmować stołówkami, domami akademickimi, stypendiami, obozami letnimi, przydziałem papieru, wszystko to zupełnie było mi nie po drodze. Oczywiście, to nie było całkiem nieinteresujące, bo niezliczone mnóstwo ludzi poznawałem przy okazji, ale ja się zupełnie nie nadaję do takich zajęć, a to długo trwało.

Być prezesem Bratniej Pomocy Studenckiej to poważna sprawa.
Przecież była to największa organizacja studencka.

Na szczęście nie musiałem żadnych ksiąg prowadzić, zajmowali się tym inni ludzie, ale ja byłem za wszystko odpowiedzialny.

Wyobrażam sobie nieustające pretensje o to, komu Bratniak pomaga, a komu nie. Przypominasz sobie jakieś incydenty z tym związane?

Nie, niczego takiego nie pamiętam, prawdę mówiąc, tylko marzyłem, żeby uciec, co też w końcu się stało. Jeden jedyny raz w życiu miałem zajęcie typu biurowego.

Będąc studentem, bardzo wcześnie zacząłeś pracować jako asystent, bodajże od roku 1947.

Tak, zostałem wtedy asystentem, ale nie zajmowałem się pracą dydaktyczną. Miałem wprawdzie jakieś zajęcia z filozofii dla niefilozofów, ale nie prowadziłem ich na uniwersytecie w ramach uczelnianych powinności. Jako asystent – bo ja wiem – książki wypożyczałem z naszej biblioteki albo coś takiego. Było nas, tych młodych asystentów, kilkoro, między innymi Marian Przełęcki i Klemens Szaniawski, dużo gadaliśmy ze sobą o wszystkim. Umysły mieliśmy wtedy przesiąknięte nie tyle nawet marksizmem, ile doktryną racjonalistyczną, którą nam wykładali profesorowie pozytywiści. Ale byli i inni także, na przykład wspominany już przeze mnie Benedykt Bornstein, naprawdę wybitny bardzo umysł. Bornstein nie był racjonalistą, nie miał racjonalistycznych

93

przesądów. Napisał mnóstwo prac, które spłonęły w czasie wojny.

Nie były wydane?

Niektóre były, ale większość zaginęła, ich tytuły spisał profesor Wąsik. Bornstein był człowiekiem, którego wykłady były dla słuchaczy nadzwyczaj ciekawe. On snuł rozważania na temat podobieństwa struktur w bycie, że tak powiem. Podobieństwa struktur wywodzą się z jakichś trudno dających się określić jakości samego bytu, jakości świata. Ostatnia jego książka, jedyna, jaka wyszła po wojnie, nazywała się *Teoria absolutu. Metafizyka jako nauka ścisła*. Mało kto ją czytał wtedy, a to było coś naprawdę nowego w polskiej filozofii.

Są takie książki, które wyprzedzają swój czas.

Są, oczywiście. Bornstein umarł, zanim ukończyłem pierwszy rok studiów. Byłem na jego pogrzebie – na cmentarzu ewangelickim w Łodzi, bo on był protestantem. Pamiętam, że Kotarbiński jako prezes Towarzystwa Filozoficznego miał coś powiedzieć na tym pogrzebie. Byli to ludzie stojący na antypodach pod względem filozoficznym. Kotarbiński uważał Bornsteina za człowieka bardzo sobie nieprzyjaznego filozoficznie, napisał nawet nieprzychylną recenzję *Teorii absolutu*, ale stojąc nad trumną, chciał pochwalić zmarłego, więc nic o filozofii nie mówił, tylko powiedział, że w czasie pierwszej wojny światowej Bornstein był ułanem i bardzo dzielnie w szarży stawał.

Najważniejszym politycznie wydarzeniem roku czterdziestego siódmego były wybory.

Ja w nich nie brałem udziału, bo byłem za młody. Głosować mogli ludzie od dwudziestego pierwszego roku życia – wiek wyborców celowo podwyższono, żeby obniżyć frekwencję. W Polsce brałem udział w wyborach ostatni raz w roku 1957, kiedy rządził Gomułka.

A potem?

Potem nie, nie chciałem brać udziału w tej farsie. Było to niby obowiązkiem, ale nie obwarowanym żadnymi karami. Owszem, zdarzało się, że przychodzili do mieszkania przypominać: „Pan jeszcze nie spełnił obywatelskiego obowiązku", ale w końcu nic z tego nie wynikało dalej.

Wybory z czterdziestego siódmego roku, a wcześniej referendum, komuniści sfałszowali. Wiedziałeś o tym? Akceptowałeś fałszerstwo? Może czułeś się oszukany?

Nie mogę mówić, że czułem się oszukany, bo nikt w takiej sytuacji nie jest usprawiedliwiony przez to, że padł ofiarą oszustwa. Jak ci mówiłem, nie byliśmy wtedy demokratami. Uważaliśmy, że władzę trzeba zdobyć wbrew większości, bo od tego zależy świetlana przyszłość.

W 1956 roku pisałeś jasno, że to nie brak wiedzy hodował wasze złudzenia. „Hodował je system umysłowej i moralnej organizacji tej wiedzy, w którym każdy fakt niewygodny znajdował łatwe wytłumaczenie w zespole mitów ideologicznych – mitów służących do dobrowolnego samooślepienia się na rzeczywistość". A jak przyjąłeś wcześniejsze wydarzenie, które przez swoje okropieństwo wykraczało poza ideologiczne schematy? Jak przyjąłeś pogrom kielecki? *Mówi się o prowokacji, która miała odwrócić uwagę opinii publicznej od sfałszowanego referendum.*

Pogrom w Kielcach to był wstrząsający fakt. Z początku nie wiedziałem o tym nic prócz tego, co wyczytałem w gazetach. Marek Edelman, studiujący wtedy w Łodzi medycynę, pojechał tam natychmiast, ale wtedy Marka nie znałem, poznaliśmy się później na wakacjach w Wiśle. To, co się stało, było okropne dla nas, traktowaliśmy to jako zbrodniczy wybryk najgorszej polskiej hołoty, motłochu, dla którego antysemityzm był wybitnym wyróżnikiem. O prowokacji urządzonej przez bezpiekę czy sowieckich agentów nie myśleliśmy. Sprawa opisana była w gazetach tendencyjnie, z sugestią, że pogrom inspirowało reakcyjne podziemie, a może rząd londyński.

Jan Tomasz Gross pisał, że PPR nie chciała potępić pogromu, żeby nie wzbudzać podejrzeń, iż partia popiera Żydów. Pisał też o robotnikach, którzy strajkowali w Łodzi, bo nie chcieli Żydów popierać. Podobno piętnaście tysięcy robotników strajkowało.

Pamiętam strajki w Łodzi z tamtego okresu, ale nigdy nie łączyłem ich z pogromem kieleckim. Mogę sobie wyobrazić, że gdzieś tam zwołano wiec, aby sformułować rezolucję potępiającą pogrom, a ludzie uciekali stamtąd albo nie przychodzili. Ale strajk to była rzecz poważna. Udział w takim strajku piętnastu tysięcy wydaje mi się nonsensem.

Zdaniem Grossa, powojenne wybuchy antysemityzmu w Polsce tym się tłumaczą, że Polacy mieli podwójne poczucie winy.

Po pierwsze, za kolaborację z Niemcami, po drugie, za przejęcie mienia pożydowskiego, które mogli stracić.

Obawy, że Żydzi wrócą – dużo ich nie wróciło – i upomną się o swoje majątki, wydają mi się prawdopodobne. Jacyś ludzie w Otwocku czy Sandomierzu mogli tak myśleć, ale nie wiem, czy to tłumaczy powojenny antysemityzm, i to w skali pogromów. Natomiast co do poczucia winy za kolaborację z Niemcami, tobym jednak bardzo stanowczo protestował. Oczywiście, byli w czasie wojny szmalcownicy, nikt temu nie zaprzecza. Podziemie akowskie miało do tego wyraźny stosunek: za każdą formę współpracy z okupantem – kara śmierci. Sugestia, że Polacy jako naród kolaborowali z Niemcami, byłaby nikczemna. Spędziłem w Warszawie cały rok 1943, a więc bardzo ciężki okres – toczyło się powstanie w getcie. Odnosiłem wrażenie, że szmalcowników można rozpoznawać po ich mordach obrzydliwych, były to nikczemne figury. W moim środowisku uważano ich za najgorszą szumowinę, szmalcownik zasługiwał na to, żeby go natychmiast zabić. I z rozkazu podziemia takie wyroki wykonywano.

Twoje środowisko w Warszawie było inteligenckie, Gross pisze o Polsce prowincjonalnej.

Oczywiście, ale jednak podziemie akowskie nie było jakimś marginesem w społeczeństwie i nie działało tylko w Warszawie, ale wszędzie. Pamiętam, oczywiście, że objawy antysemityzmu w czasie wojny były spotykane, wyrażały się w powiedzonkach typu: Hitler za nas zrobi brudną robotę. Wszyscy wiedzieli, co Niemcy robią z Żydami, ale wielu ludziom było to obojętne, nawet jeśli tego nie aprobowali. Książkę Grossa czytałbym bardzo ostrożnie. Bo jednak mówienie o kolaboracji Polaków z Niemcami pod tym względem byłoby nonsensem. Nas Niemcy też mordowali i męczyli w najrozmaitszy sposób. To był wróg, śmiertelny wróg, znajdowaliśmy się pod okupacją, i to straszną okupacją.

Manowce szlachetnych dążeń. *Znasz taki tytuł?*

Znam. Sam go nawet wymyśliłem. To był tytuł jednego z moich pierwszych artykułów, jakie w ogóle opublikowałem. Dotyczył filozofii moralnej Piotra Kropotkina, patriarchy ruchu anarchistycznego.

Kropotkin – ciekawa postać. Pod koniec lat czterdziestych ukazała się po polsku jego Etyka. Pochodzenie i rozwój moralności.

Tak, wtedy jeszcze wydawano takie książki. Miałem dwadzieścia lat i, oczywiście, byłem wszechwiedzący. Potraktowałem więc Kropotkina z wyżyn swojej wiedzy protekcjonalnie jako prostodusznego filozofa, który nie ma najmniejszego pojęcia o rzeczywistości, a po morzu myśli ludzkiej żegluje bez naukowej busoli, biedak.

Przyznawałeś jednak, że intencje miał szlachetne, tylko pobłądził. Albowiem nie jest prawdą, że wszyscy ludzie są już dziś braćmi, jak Kropotkin uważa. Prawdą jest, wyjaśniałeś, że wszyscy ludzie dopiero będą braćmi po przebudowie moralnej, której dokonamy my, marksiści. Dlatego na razie zamiast utopijnych haseł solidarności ogólnoludzkiej należy głosić hasło: „Proletariusze wszystkich krajów, łączcie się!". Droga przebudowy została wskazana. W przyszłym bezklasowym społeczeństwie skłócenie ludzkich interesów zaniknie. Kto tu był większym utopistą? Przez wielu ludzi to wy, wszechwiedzący marksiści, mogliście być postrzegani jako chorążowie anarchizmu.

Owszem, mogliśmy. To przekonanie, że mamy w rękach marksizm – naukową busolę, która wskazuje świetlaną przyszłość – było utopijnym rojeniem. Jednak nadal uważam, że pewna dawka anarchizmu może okazać się wskazana.

Dzisiaj?

Tak, dzisiaj także. Ludzkość nie przetrwa bez wiary w braterstwo, nawet jeśli w praktyce jest ono nieosiągalne. Toteż moje ówczesne stanowisko w sprawie Kropotkina próbowałem częściowo zrewidować. Częściowo, a więc niezupełnie. Pisałem całkiem niedawno o tym, że ideologie anarchizmu można poszufladkować na wiele sposobów, ale zawsze dadzą się wyróżnić dwa podstawowe rodzaje mentalności właściwe apostołom miłości i apostołom nienawiści. Pierwsi marzą o braterstwie wszystkich ludzi i chcą oddziaływać dobrym przykładem, nawet gdyby miało to być nieskuteczne. Drudzy, z różnych pobudek psychologicznych, zniszczyć chcą świat, którego nienawidzą. Apostołowie miłości usprawiedliwiają w pewnym sensie anarchizm i ich wysiłki nie pójdą na marne. Ale ta sama idea braterstwa, w którą wierzą, może stać się zagrożeniem dla ogółu, jeśli jej zwolennicy zaczną wyobrażać sobie, że posiadają jedynie słuszną receptę na jej urzeczywistnienie, a tak właśnie myślą apostołowie nienawiści. Podobnie jak marksiści, obiecują nam braterstwo według rozdzielnika i nie mają nic przeciwko temu, żeby ich szlachetny cel realizowany był za pomocą totalitarnych środków przymusu. Anarchistyczni apostołowie miłości mają więc w swoim ręku pewien atut, apostołowie nienawiści nie mają nic.

Manowce bez szlachetnych dążeń. Do takiej parafrazy twojego tytułu w końcu doszliśmy. Wiesz, że o Kropotkinie napisał Zbigniew Herbert?

Nie wiem. Co napisał?

Wiersz pod tytułem Gra Pana Cogito: *„Ulubioną zabawą / Pana Cogito / jest gra Kropotkin".*

Chyba nie znam tego wiersza. Przypomnij, o co w nim chodzi.

Pan Cogito lubi wyobrażać sobie ucieczkę Kropotkina z twierdzy pietropawłowskiej i swoją w niej rolę jako „pośrednika wolności", który „trzyma sznur".

„nie chce jednak odpowiadać za to
co w miesięczniku »Freedom«
napiszą brodacze
o nikłej wyobraźni"

Następcy tamtych brodaczy ciągle jeszcze pisują.

Ale anarchizm w swej czystej ideologicznej postaci nie ma dzisiaj żadnego znaczenia. Zachował się jeszcze w najróżniejszych lewicujących sektach, i to w pewnych bardzo osobliwych połączeniach z ideologią marksistowską. Historyczną zasługą anarchizmu jest konsekwentne wskazywanie na to, że władza jest z natury rzeczy źródłem ucisku. Anarchiści nie są w stanie obiecać nam jakiegoś raju bez państwa, ale mogą wzmacniać naszą czujność.

Wśród twoich pierwszych opublikowanych tekstów, oprócz polemiki z filozofią moralną Kropotkina, było omówienie książki Garaudy'ego Komunizm i moralność; *pisałeś też o* Etyce w świetle materialistycznego pojmowania historii Kautskiego, *za każdym razem krytykując moralność „ponadczasową i absolutną". O „utopistach" chcących „przepłynąć w obłoczku ponadczasowej i absolutnej etyki" mówiłeś przy okazji polemik z „humanizmem socjalistycznym", którego rzecznikiem był Związek Niezależnej Młodzieży Socjalistycznej – studencka organizacja PPS.*

Tak, uważaliśmy ich za pięknoduchów. Pamiętam jakąś dyskusję publiczną z nimi. Janek Strzelecki był ich ideologiem głównym.

Dyskusję, o której wspominasz, opisał Wiktor Woroszylski: „mam jeszcze przed oczyma wkraczającego do naszego lokalu na Piotrkowskiej wysokiego mężczyznę w długim ceratowym płaszczu – w podniecającej atmosferze szykującego się starcia widziałem w nim wrogiego atamana, który przybywa do rewolucyjnego obozu – o pół kroku za atamanem sunęli jego adiutanci – zgromadzone przez nas gwarne audytorium naraz umilkło, spode łba obserwując przemarsz niebezpiecznych gości". Podobno dałeś „wrogiemu atamanowi" druzgocący odpór.

Nieraz później przychodziło nam zderzać się w dyskusjach, ale dzięki Janka zdolności do porozumienia nigdy się
nie pokłóciliśmy i już od tamtych czasów pozostawaliśmy
w przyjaźni prawdziwej. To nie były wcale polemiki wrogie.

*Jako działacz PPR i komunistycznej organizacji studenckiej
zwalczałeś „rewizjonizm" socjalistów humanistycznych z ich
ponadczasową etyką, ale sam nie uchodziłeś bynajmniej za do-
gmatyka. W jednym z późniejszych wywiadów powiedziałeś,
że filozoficznie nigdy właściwie nie byłeś ortodoksyjny, politycznie tak.*

Pamiętam, że atakowano mnie wielokrotnie w partii z powodu moich heretyckich poglądów w dziedzinie filozoficznej na ogół, mniej w politycznej. Ale, oczywiście, i w dziedzinie filozoficznej pisałem wtedy jakieś bzdury.

*Ja uważam, że niektóre twoje teksty z lat czterdziestych są bar-
dzo interesujące. Takie* Impresje dialektyczne *na przykład...*

Nie pamiętam tych artykulików i bynajmniej nie chcę ich
czytać. W pierwszych latach, kiedy coś publikowałem, pisałem rzeczy, które nie tylko były niemądre, bo o to mniejsza,
ale były krzywdzące.

Krzywdzące?

Tak, bardzo przykro mi jest o tym myśleć.

*Potrafiłeś być bardzo złośliwy, to prawda. Ale w polemikach styl
złośliwy bywa czymś normalnym.*

Nie, nie tylko o to mi chodzi. Również o to, ale nie tylko. Myślę, że różne rzeczy naprawdę były krzywdzące. Napadłem raz na autorów, którzy coś w Polsce napisali o Tomaszu Morusie.

Pamiętam. Zirytowało cię, że Tomasz More został „podrabianym świętym", że Kościół go sobie przywłaszczył. I napisałeś polemikę pod tytułem Wielkość w rękach szalbierzy.

No właśnie, o katolickich autorach pisałem. Okropne.

Jeśli mam być szczery, to naprawdę „okropne" wydało mi się tylko jedno zdanie, które kiedyś napisałeś. Bo różne zwyczajowe ozdobniki ideologiczne w twoich młodzieńczych tekstach nie robiły na mnie specjalnego wrażenia. Ale przyznaję, kiedy przeczytałem tamto zdanie, to mnie zamurowało. Nie będę ci tego przypominał, bo po co.

Przypomnij. Co ja napisałem?

W sposób skrajnie lekceważący wyraziłeś się o Panu Bogu.

W tym właśnie artykule o Morusie?

Nie, w później ogłoszonej polemice z tak zwanym konwencjonalizmem.

To straszne!

Leszku, może Pan Bóg ma poczucie humoru.

Mam nadzieję. Ale miałeś przypomnieć, co ja właściwie napisałem.

Napisałeś, że Pan Bóg, „autor owej rzekomej autobiografii, za jaką uchodzi Pismo święte", jest „mało rozgarnięty".

No, tak… mogłem coś takiego napisać. Oczywiście, nie pamiętam tego, ale mogłem.

Napisałeś, uwierz mi, cytuję dokładnie z czasopisma „Myśl Filozoficzna". Twój artykuł o konwencjonalizmie ma tytuł Filozofia nieinterwencji. *Zaatakowałeś tam jednego ze swoich nauczycieli, Kazimierza Ajdukiewicza, za „fetyszyzm werbalny", a więc za filozofię nieinterwencji.*

Owszem.

Opowiedziałeś się zatem za filozofią interwencji.

Tak, niechybnie.

Marksizm miał być taką filozofią. Ale już we wczesnych swoich tekstach z lat czterdziestych pisałeś, że nie będzie interwencją skuteczną, jeśli sam nie stanie się przedmiotem interwencji. Ubolewałeś nad tym, że marksizm z jednej strony jest w ofensywie politycznej, a z drugiej – znajduje się w stanie spoczynku. Teoretycznego spoczynku.

Chodziło o to, żeby marksizm odmładzać poprzez nowe interpretacje klasycznych formuł, dostosowywanie ich do współczesności.

Było tymczasem na odwrót: marksizm się starzał. W pięćdziesiątym roku, kiedy pojechałeś do Moskwy, mogłeś zobaczyć, że ma starczą sklerozę. Jak doszło do tego wyjazdu?

Wysłano mnie wraz z grupą ludzi. W sumie było nas ośmioro. Trójka z mojej generacji, to znaczy Janek Jarosławski, Halina Maślińska i ja, czwórka ze starszej, to jest Emil Adler, Nina Assorodobraj, Tadeusz Szczurkiewicz, Tadeusz Kroński, i sam Adam Schaff.

Kto was wysłał?

Komitet Centralny Polskiej Zjednoczonej Partii Robotniczej. A kto w komitecie to organizował, nie umiem powiedzieć. Wysłano nas, żebyśmy tam, u samego źródła, zaczerpnęli mądrości marksistowskiej. Prawdopodobnie, a nawet na pewno, miało to związek z planami utworzenia w Warszawie ośrodka odpowiednio wykształconej kadry naukowej na podobieństwo moskiewskiego Instytutu Krasnej Profesury. Najpierw się to nazywało Instytutem Kształcenia Kadr Naukowych, a potem Instytutem Nauk Społecznych. Byliśmy tam, w Moskwie, trzy miesiące.

Czy to był twój pierwszy wyjazd za granicę?

Tak, pierwszy w życiu. Pojechaliśmy także do Leningradu na kilkudniowy pobyt, już raczej krajoznawczy. A w Moskwie zorganizowano nam codzienne wykłady prowadzone specjalnie dla naszej grupy przez prominentów sowieckiej filozofii i nauk społecznych. To było dość porażające doświadczenie, bo od razu rzucało się w oczy, że to jest gromada nieuków. Oni nie znali żadnego języka obcego, nie wiedzieli nic o tak zwanej filozofii burżuazyjnej, nie wiedzieli w ogóle nic o filozofii poza tym, co wyczytali u Lenina i Stalina, a czasami także Marksa, czy raczej Engelsa. Chociaż wcale nie byliśmy specjalnie wykształceni, ich ciemnota nas uderzała. Zaczęło się od tego, że jak tylko przyjechaliśmy, przyszedł do nas niejaki Pospiełow, znany ideolog i członek KC w dodatku. Wyciągnął z kieszeni napisaną przez siebie broszurkę o marksizmie i leninizmie i tę broszurkę odczytał nam w całości, nie zmieniając ani słowa.

Znaliście rosyjski?

Oczywiście. Emil Adler nawet doskonale, bo spędził wojnę w Rosji. Tadeusz Kroński może nie za dobrze, ale się nauczył, tylko czytać nie mógł, jakoś nie wchodziły mu do głowy te krzesełka, jak mówił. Ja znałem rosyjski na tyle, żeby czytać i rozumieć bez trudu, nie miałem może doświadczenia w rozmowie, ale i to bardzo szybko przyszło. Zresztą język naszych wykładowców był, jak możesz się domyślić, ponuro prymitywny.

No, ale jak Pospiełow przeczytał swoją broszurkę, to wszystkie kwestie filozoficzne zostały wyczerpane.

Wszystkie.

To co właściwie robiliście potem przez trzy miesiące?

Trudno powiedzieć. Rozmaici ludzie do nas przychodzili z wykładami. Pamiętam towarzysza Kutasowa...

Naprawdę się tak nazywał?

Tak, Kutasow. I był specjalistą od dialektyki. W szczególności wykładał o „skoczkach", czyli skokach jakościowych. To był czysty kabaret. Są różne skoczki, wyjaśniał, skoczki głośne i ciche albo skoczki nagłe i stopniowe… Potem, jak się dowiedziałem, stracił swoje stanowisko, ponieważ wyszło na jaw, że oszukał partię, mianowicie zataił, że jego ojciec był carskim żandarmem. Innych wykładowców już tak dobrze nie pamiętam, chociaż z niektórymi się stykałem później, bo oni przyjeżdżali do Warszawy także, żeby nas nauczać. Nikt ich nie brał na serio, oczywiście.

Ale traktowali was ex cathedra?

Oczywiście. Przecież wiedzieli lepiej.

I nie było tam jakiegoś Lukácsa albo chociaż Żółkiewskiego?

Nie, skąd. Jaki Lukács, jaki Żółkiewski… Pamiętam, jakim wstrząsem było dla Krońskiego, kiedy jeden z tych ciemniaków powiedział: *„Jest takoj burżuaznyj fiłosof Grusel"*. Chodziło mu o Husserla. I Kroński już tego nie mógł wytrzymać. Zresztą, jak czytało się gazety czy pisma rosyjskie, nie było lepiej – poziom ich był okropny. Ideologia była tam wszechobecna i przerażająco prymitywna. Prawdziwi uczeni, nieraz bardzo wybitni, zdarzali się w matematyce, fizyce czy astronomii, ale my ich wtedy nie poznaliśmy.

Mieliście obowiązki podczas tego pobytu?

Pisaliśmy jakieś referaciki, ale to nie miało znaczenia. Głównie więc słuchaliśmy tych mędrców. Oni oczekiwali od nas pytań, zależało im na tym. Przed wykładami uzgadnialiśmy między sobą, jakie zadać pytania, żeby były dla nich zrozumiałe.

Próbowaliście zadawać pytania podchwytliwe? Poruszać kwestie, które mogły postawić ich w kłopotliwej sytuacji?

Raczej nie. Pamiętam, że kiedyś była mowa o różnych odchyleniach i wrogach ludu sowieckiego. Ja wtedy zapytałem wykładowcę, jak to się stało, że potem, kiedy Zinowjew i Kamieniew zdradzili plany zbrojnego powstania (co było fikcją, oczywiście, nawet jak coś opowiadali, nie chodziło przecież o żadne tajne rzeczy), Lenin nie miał nic przeciwko temu, żeby oni zajęli wysokie stanowiska w partii i Międzynarodówce. Wykładowca powiedział wtedy sekretarce – wszyscy ci uczeni mieli zawsze sekretarki, które spisywały ich nieśmiertelne słowa – „Idźcie do kancelarii…" – przestraszyłem się, że dokończy: „I zadzwońcie po NKWD" – ale nie, on tylko poprosił: „I przynieście taki to a taki tom dzieł Lenina". Sekretarka poszła, przyniosła, a on wtedy znalazł odpowiedni fragment i przeczytał. Takie to były dyskusje.

Czy z waszymi wykładowcami musieliście też prowadzić życie towarzyskie?

Na szczęście nie. Wódkę piliśmy we własnym gronie. Przeważnie chodziłem z Jankiem Jarosławskim do restauracji. W Moskwie było sporo dobrych lokali, zwłaszcza regionalnych. Poruszaliśmy się po mieście swobodnie, nikt nas nie pilnował. Ale nie mieliśmy żadnych kontaktów nieoficjalnych z Rosjanami, po prostu nie znaliśmy tam nikogo. Podczas paru przypadkowych spotkań, z jakimś młodym logikiem, z jakąś studentką polonistyki, nie było oczywiście mowy ani o polityce, ani o życiu na co dzień. Nie mieliśmy pojęcia o systemie represji sowieckich, to do nas nie dochodziło prawie zupełnie, choć wiedzieliśmy ogólnikowo o likwidacji KPP. Dopiero później, gdzieś w roku 1955, starzy komuniści zaczęli nam opowiadać o swoich przeżyciach w więzieniach i w łagrach. Przedtem nic się na ten temat nie mówiło. Raz jeden w czasie pobytu w Moskwie spotkałem NKWD. Płynęliśmy statkiem spacerowym po Wołdze i, jak zupełny idiota, robiłem zdjęcia wtedy, gdy akurat statek był na śluzie. Kapitan natychmiast pojawił się na pokładzie i zapytał, kto robił zdjęcia. Nie mogłem ukryć, że to ja. Kapitan zaczął mnie wypytywać o różne rzeczy i spisał protokół. Kiedy wróciliśmy do Moskwy, w porcie już czekało dwóch enkawudzistów. Oni też mnie przesłuchali i spisali protokół. Byli raczej uprzejmi, nie usłyszałem żadnych gróźb. Film z aparatu, oczywiście, mi wyciągnęli i prześwietlili. Śluza była uważana za obiekt militarny, tam zresztą prawie wszystko było obiektem militarnym. W końcu żadnych zdjęć z Moskwy nie przywiozłem, tylko aparat, dobry aparat – wśród wielu fabryk niemieckich, które Sowieci skonfiskowali, były też zakłady Zeissa.

Kto finansował wasz pobyt?

Jakieś ruble dostaliśmy jeszcze w Polsce, ale ponieważ Rosjanie też nam dali diety, tamte musieliśmy zwrócić. Pieniędzy nie było dużo, ale mogliśmy chodzić do restauracji, na koncerty czy do teatru. Pamiętam, że poszliśmy na *Martwe dusze* Gogola i to było znakomite przedstawienie. Pamiętam też sztukę Maeterlincka *Niebieski ptak*...

To jak dla ciebie.

Tak, ale wystawiono ją w konwencji bajki dla dzieci. Nie było tła filozoficznego, które jest w tej sztuce. Chodziliśmy też na wystawy malarskie i tam widać było najlepiej zniszczenie sztuki przez ustrój, bo to było czysto ideologiczne malarstwo. A jednak ideologia, chociaż wszechobecna, nie zabiła całkiem kultury – dlatego ta kultura mogła się odrodzić potem dość szybko i nawet malarstwo podniosło się z upadku. Natomiast filozofia to była zupełna ruina.

Kiedy przeniosłeś się z Łodzi do Warszawy?

Jesienią czterdziestego dziewiątego roku. Z początku przez jakiś czas mieszkałem w domu akademickim na placu Narutowicza, a potem – kiedy ożeniłem się z Tamarą – dostaliśmy kawalerkę na Mokotowie.

Jak poznałeś panią Tamarę?

Studiowaliśmy na tym samym uniwersytecie, tylko na różnych wydziałach. Tamara była na medycynie. Twierdzi, że któregoś dnia przyszła do mnie z listem od kolegi z organizacji studenckiej polecającym ją na praktykę zagraniczną. Pewnie było to związane z jakąś funkcją, którą na uczelni pełniłem. I podobno, jak tylko list mi wręczyła, natychmiast podarłem go na strzępy. Nie dlatego, żebym chciał jej sprawę załatwić odmownie, tylko po prostu dlatego, że miałem zwyczaj odruchowo drzeć wszystkie papiery.

W 1949 roku byłeś jeszcze studentem?

Oczywiście, ale już nie chodziłem na zajęcia. Obroniłem pracę magisterską o konwencjonalizmie w fizyce. Temat podsunęła mi Janina Kotarbińska. Ona i Tadeusz Kotarbiński mnie egzaminowali. W tę pracę włożyłem wiele wysiłku.

Jeszcze przed obroną pracy zacząłeś pracować w redakcji „Nowych Dróg".

Rzeczywiście. Naczelnym redaktorem był Fiedler, stary komunista, jeszcze członek SDKPiL. Pisałem tam jakieś bzdury okropne, haniebne. Ale już w rok później wyszedłem z tej redakcji. I zacząłem pracę w Instytucie Kształcenia Kadr Naukowych. Najpierw jako aspirant – bo tam wszystko było robione według wzorów sowieckich – a po roku jako asystent.

Schaff osobiście napisał twoją charakterystykę jako aspiranta. Charakterystyczny dokument.

Skąd to znasz?

Ogłosił go autor książki Warszawska szkoła historii idei *Ryszard Sitek. Wraz z paroma innymi dokumentami z teczek twoich akt osobowych. Pozwól, że zacytuję fragmencik: „Tow. Kołakowski przyszedł na Instytut z poważnym obciążeniem wpływami burżuazyjnej filozofii, przede wszystkim filozofii neopozytywistycznej. W związku z tym przed przybyciem na Instytut miały u niego miejsce zawahania na odcinku teorii marksistowskiej. Tow. Kołakowski przechodził na tym tle poważny konflikt wewnętrzny, był niejednokrotnie krytykowany. W toku pobytu na Instytucie został zrobiony poważny krok*

naprzód na drodze wyzwalania się od wpływów burżuazyjnej
filozofii. Tow. Kołakowski bardzo rozwinął się, dojrzał teore-
tycznie i politycznie, pogłębił znacznie znajomość i zrozumienie
światopoglądu marksistowskiego. Nie wszystkie jednak nale-
ciałości zostały do końca przezwyciężone. Tow. Kołakowski był
niejednokrotnie, również w ciągu ostatniego roku, krytykowa-
ny przede wszystkim za obiektywizm w stawianiu zagadnień
naukowych, niedostrzeganie ich ostrza politycznego, niekonse-
kwentną realizację zasady partyjności w filozofii. [...] Tak więc
mimo zrobienia dużego kroku naprzód, rozwój ideologiczny
i polityczny pozostaje jeszcze wciąż w tyle za poziomem nauko-
wym. [...] Wymaga troskliwej opieki i pomocy...".

Przypominam sobie specjalne zebrania, na których omawiano moje odchylenia i błędy. Wielokrotnie byłem upominany,
że wyśmiewam Żdanowa i tak dalej. Owszem, wyśmiewa-
łem. Ktoś nawet zobaczył w moim mieszkaniu kartkę z na-
pisem „Nie zgadzam się z Leninem".

I co? Doniósł na ciebie?

Nie, skądże, po prostu mi o tym powiedział.

Nie zgadzałeś się z Leninem? Już wtedy? Chyba nie w każdej
kwestii. Pamiętasz książkę Howarda Selsama Problemy filozofii*?*

Selsam to był komunista amerykański.

Tak, jego książkę wydał w pięćdziesiątym pierwszym roku
Czytelnik. Tłumaczem był Jan Strzelecki, redaktorem Klemens

Szaniawski, a ty napisałeś przedmowę. W której na sam koniec cytujesz „piękne słowa Lenina: Każda kucharka musi nauczyć się rządzić państwem".

Jak ktoś powiedział, nie pamiętam już kto, Lenin oznajmił, że kucharka może się nauczyć rządzić państwem, więc nauczyła się i rządzi... Otóż ja rozumiałem to jako pochwałę ludowładztwa, wszyscy mają uczestniczyć we władzy, cały lud. Nie twierdzę bynajmniej, że cokolwiek Lenin powiadał, było kłamstwem albo głupotą, nie. Odnotowując, iż nie zgadzam się z Leninem, myślałem głównie o jego rzeczach filozoficznych, to, co on pisał, było wyjątkowo niemądre, no, a jego rzeczy polityczne trzeba oceniać zupełnie inaczej. Leninowi chodziło przecież tylko o skuteczność, a nie o cokolwiek innego, nie o prawdę, i on nawet jakoś dawał temu wyraz, że nie o prawdę mu chodzi.

Mówiąc o kucharce, która może rządzić państwem, Lenin miał być może na myśli, że państwo tylko na pozór jest skomplikowaną machiną...

Podczas gdy w rzeczywistości rządzenie nim jest bardzo proste. To prawda. Sądzę, że on tak myślał i wierzył w to naprawdę. Dopiero pod koniec życia zrozumiał chyba, że ten jego optymistyczny pogląd jest błędny. Ale przedtem chyba uważał, iż bardzo łatwo można państwem rządzić. Bo jest to łatwe, o czym Lenin rychło się przekonał, gdy rządzenie opiera się na przemocy. Jak się dużo strzela i zabija, to się rządzi, a strzelanie i zabijanie nie jest trudnym zadaniem.

Z czego wniosek, że kucharka powinna mieć karabin.

A przynajmniej bat, nahajkę. Tak, Lenin pisał rzeczy okropne. Mamy chyba gdzieś w domu książkę, w której jest ostatnia fotografia Lenina, na krótko przed jego śmiercią zrobiona. Na tym zdjęciu widać twarz człowieka straszliwie przerażonego, niesłychanie zgnębionego.

Czy zrobiono sekcję zwłok Lenina?

Zrobiono sekcję mózgu, nie wiem, czy całego ciała. I ten mózg, pocięty na drobne kawałki, jest przechowywany, są różne spekulacje na temat, co w nim odkryto.

Mam przedwojenną encyklopedię, która się nazywa Ultima Thule. *Tam są wariackie w swojej zaciekłości hasła o Leninie, Dzierżyńskim i tak dalej. Hasło „Lenin" zawiera zdanie: „Po śmierci z jego kałmuckiej czaszki wylało się parę szklanek cuchnącego płynu". Taki oto fakt encyklopedyczny.*

Nie wiem, czy przeczytałem to hasło, ale historyjka jest mi znana. Ta fotografia Lenina w stanie biologicznego przerażenia była właściwie jedyną niehagiograficzną jego fotografią, jaką opublikowano.

Wracamy do instytutu Schaffa. Słyszałem, że panowała tam surowa dyscyplina. Pracownicy mieli obowiązek przebywania tam od ósmej do trzynastej, a potem od piętnastej do dziewiętnastej. Każde wyjście trzeba było rejestrować w specjalnej księdze…

Nie pamiętam wcale takiego reżimu. Oczywiście, trzeba było swoje odsiedzieć, ale sztywne godziny raczej nie obowiązywały. Gdzie ja bym tam o ósmej przychodził codziennie… Wprawdzie byli w instytucie ludzie, którzy pilnowali porządku, ale atmosfery przymusu się nie wyczuwało. Nie mógłbym powiedzieć, że z pobytu tam nie skorzystałem w ogóle, bo przecież, pomimo różnych nasiadówek ideologicznych, dużo jednak pracowałem, dużo czytałem w bibliotece.

W instytucie mieliście do dyspozycji publikacje w innych miejscach wtedy niedostępne. Schaff wspominał, że na bieżąco sprowadzano dwieście pięćdziesiąt tytułów prasy zagranicznej. I że specjalnie dla ciebie abonowane były wszystkie pisma watykańskie, bo się nimi interesowałeś!

Czy wszystkie, tego nie wiem, ale jakieś były. Tak, na pewno mieliśmy tam łatwiejszy dostęp do różnych materiałów. Biblioteka Uniwersytecka też jednak była bogata i często do niej chodziłem.

Rektorem instytutu był Zygmunt Modzelewski?

To była funkcja honorowa. Pamiętam go, choć znacznie lepiej znałem jego żonę Natalię. Miłosz opowiadał, jak oboje pomagali mu w wyjeździe na Zachód. Ale instytutem zarządzał Schaff. Jego zastępcami byli Emil Adler, Włodzimierz Brus, Leon Grosfeld. Było tam dużo inteligentnych ludzi, ale też i tacy, którzy od początku nastawiali się na karierę w aparacie, jak Werblan czy Jagielski…

W ramach ofensywy ideologicznej prowadzonej przez partię wielu profesorów, zaliczanych do „burżuazyjnych", dotknęły represje.

Wiele osób odsunięto od nauczania, między innymi Ingardena, Tatarkiewicza, Ossowskich, a Kotarbińskiemu polecono wykładać logikę, a nie filozofię. Wszystko to było bardzo przykre, ale jednak nieporównywalne z tym, co działo się w Rosji czy nawet w Czechach, gdzie takich profesorów zapędzano do różnych robót fizycznych, wręcz do zamiatania ulic. U nas, na szczęście, siedzieli oni w domach, pobierali swoje płace akademickie i pisali książki, które później, w lepszych czasach, wydali. Ingarden przetłumaczył świetnie *Krytykę czystego rozumu.*

Miałeś wtedy kontakt z Ingardenem?

Nie, dopiero później.

A z Henrykiem Elzenbergiem?

Też nie, może widziałem go raz czy drugi przy jakiejś okazji. Nie mam pojęcia, jak Herbert wpadł na pomysł, że to ja wyrzuciłem Elzenberga z katedry, którą miał w Toruniu. Mówił o tym rozmaitym ludziom, może nawet gdzieś napisał, nie wiem. A to było głupie kłamstwo.

Nie słyszałem o tej sprawie. Czytałem natomiast, że podpisałeś list, w którym studenci protestują przeciwko temu, że na swoich seminariach profesor Władysław Tatarkiewicz przekracza dopuszczalne granice w krytykowaniu filozofii proletariackiej.

To rzeczywiście było okropne. Grupa studentów partyjnych, w której się znajdowałem, łącznie siedem osób, napisała chyba na początku 1950 roku taką bzdurę. Ten list wydrukowano po latach w „Przeglądzie Filozoficznym". Zamieściłem tam swoje „zeznanie" w tej sprawie. List był głupi i źle o nas świadczący. Mógł posłużyć jako jeden z materiałów, które w odsunięciu profesora Tatarkiewicza od nauczania podziałały.

Na początku lat pięćdziesiątych odbywały się wielkie imprezy propagandowe w rodzaju Kongresu Nauki Polskiej.

Pamiętam, jak Józef Chałasiński, wybitny socjolog, wygłosił chyba w 1947 roku odczyt o liberalnej i socjalistycznej koncepcji uniwersytetu – tę liberalną reprezentował Kotarbiński, a socjalistyczną on sam, Chałasiński. Kotarbiński był jeszcze wtedy rektorem uniwersytetu w Łodzi, ale składał swój urząd, na którym zastąpił go Chałasiński właśnie. Pamiętam, że opowiadał o jakimś przyjęciu na Kremlu i rozmowie swojej ze Stalinem, który miał powiedzieć: „No tak, towarzyszu Chałasiński, my czytamy wasze książki...". I on całkiem serio i z wielkim przejęciem to powtarzał: „Stalin czyta moje książki!". Był człowiekiem całkowicie wciągniętym w system, mimo że studia socjologiczne zostały zlikwidowane, była to bowiem nauka burżuazyjna. W tryby systemu był też wciągnięty Jan Szczepański. Pamiętam jego wykład w instytucie o socjologii burżuazyjnej.

Podobno ktoś przyznał się Szczepańskiemu, że nie rozumie, co to znaczy: „wolność jest uświadomioną koniecznością". A Szczepański odparł, że on też nie rozumie i trzeba iść do Leszka Kołakowskiego, który to na pewno wytłumaczy.

Nie słyszałem o tym.

W trakcie obrad Kongresu Nauki Polskiej opracowane zostały „zadania dla frontu filozoficznego". Chodziło między innymi o „zwalczanie kierunków hamujących rozwój myśli w Polsce", przede wszystkim neotomizmu i szkoły lwowsko-warszawskiej. Wkrótce potem ukazały się krytyczne teksty o głównych przedstawicielach tej szkoły. Baczko pisał o Kotarbińskim, Holland o Kazimierzu Twardowskim, a szczególnie napastliwy był artykuł Krońskiego o Tatarkiewiczu. Kiedy poznałeś Krońskiego?

Zaraz potem, kiedy wrócił z Francji, gdzie wylądował po powstaniu i wywózce do Niemiec. On nic nie wiedział, co się tak naprawdę dzieje w Polsce i w Rosji. Nie miał o tym pojęcia. Miłosz opublikował listy Krońskiego pisane jeszcze we Francji – okropne listy, po prostu okropne. Jak wrócił do Polski, żył w ciągłym strachu. Z jednej strony nie wierzył w materializm dialektyczny, w żaden zresztą materializm nie wierzył. Z drugiej strony – chciał być bardzo zaangażowany politycznie jako neofita marksistowski. Oczywiście, zdawał sobie sprawę z głupoty sowieckiego marksizmu i filozofów tamtejszych. Ale mimo to uważał – to były rojenia, które dzielił z innymi – że jest jakiś Heglowski Duch dziejów, który działa na rzecz postępu poprzez przemoc i sprzeczności.

Podoba ci się termin „ukąszenie Heglowskie"?

Nie, bardzo mi się nie podoba, bo on służył jako samouspra-wiedliwienie. Cokolwiek się robiło złego w tamtych latach, można było to tłumaczyć ukąszeniem heglowskim. Bardzo niedobre określenie. Kroński chciał, żeby go uważano za dobrego marksistę, ale prawdziwi partyjni marksiści, tacy jak Schaff na przykład, nie traktowali go poważnie, bo on był zbyt ekscentryczny w codziennym życiu. Kroński był członkiem partii komunistycznej we Francji, ale mu tego nie uznano w Polsce i chociaż pracował w instytucie, nie chcieli go do partii przyjąć, była duża afera z tym związana.

W pośmiertnym wspomnieniu o Krońskim pisałeś, że był on dla ciebie wzorem autentyczności, która – inaczej niż szczerość, cnota nudna i pensjonarska – jest zaletą „dojrzałą, tą, co najbardziej przystoi filozofom i artystom". Wciąż nie bardzo rozumiem, na czym polegała autentyczność Krońskiego.

Autentyczność trudno jest zdefiniować. Heidegger, dla którego to słowo, *Eigentlichkeit*, było bardzo ważne, też nie definiuje go ściśle. Przeciwieństwem autentyczności jest dla Heideggera życie wedle wzorów przyjętych przez innych, w ciągłej obawie przed wykroczeniem poza jakiś zwyczaj przyjęty, poza kodeks zbiorowy, wedle którego coś „się" robi, a czegoś nie. Zachowanie Krońskiego nie mieściło się w konwencjach, nie było skrępowane banalnościami codziennego życia.

Pytanie, czy można być autentycznym dla wąskiej grupy przyjaciół, a poza nią zachowywać się jak konformista.

Wszyscy, którzy znali Krońskiego, wiedzieli, że to jest figura całkowicie nieprzystająca do konwenansów, że jest w nim coś niezwykłego. Dlatego aparatczycy partyjni odnosili się do niego podejrzliwie, wzbudzał ich nieufność. Miłosz przypomina niektóre z tych opowieści w swoim eseju o Krońskim. Dla Miłosza Kroński był niesłychanie ważną postacią. Pamiętam, że kiedy pierwszy raz spotkałem się z Miłoszem w Paryżu, jesienią 1956 roku, pierwszą rzeczą, o jaką mnie zapytał, było, czy znam Krońskiego i co o nim myślę. Akurat, jak w paryskiej „Kulturze" ukazał się ten esej Miłosza pod tytułem *Tygrys*, Irena, wdowa po Krońskim, przygotowywała jego książkę. I była bardzo przestraszona, a nawet zła na Czesława, że z powodu tamtego eseju książki nie dopuszczą do druku, ale tak się nie stało. Z eseju Miłosza widać wyraźnie, że związek Krońskiego z komunizmem był nieco farsowy, nierealny, że tak naprawdę nie miał on z tym nic wspólnego, mimo różnych głupstw, które pisał. No i te listy nieszczęsne... Wiadomo, że dla ludzi dziś żyjących jest w nich coś makabrycznego. Takie zdania okropne, jak to o kolbach sowieckich, którymi trzeba Polaków uczyć myśleć racjonalnie, ustawiają go przecież po stronie ubeków. A jednak prawda o tym człowieku jest inna, niż z listów można by wnioskować.

W związku z takimi zdaniami jak to o sowieckich kolbach, najbardziej Krońskiemu wypominane, może się nasunąć pytanie, czy są granice, których słowem nie można przekraczać pod sankcją wypadnięcia z pewnej wspólnoty...

Z pewnej kultury. Chyba są, tak by się wydawało, ale ja bym nie potrafił tych granic określić sztywno.

Kroński miał podobno obsesję na punkcie śmierci.

Miał. Wierzył w życie pośmiertne...

Wierzył?

Tak, nigdy o tym nie pisał, oczywiście, ale mówił. Wierzył w życie pośmiertne, ale jednocześnie coś strasznego w tej śmierci dla niego było i wciąż wracał do tego tematu. Często był smutny, bardzo smutny. Naprawdę dziwna to była osobowość.

Andrzej Walicki twierdzi, że uważał Krońskiego za cynika i mściwego intryganta.

Z pewnością nie był mściwym intrygantem. Walicki był, oczywiście, wściekły na niego. Napisał do mnie, że kiedy zaatakował Krońskiego w jakiejś sprawie, zdaje się, chodziło o polską filozofię, Kroński powiedział, że go zniszczy. Odpisałem Walickiemu, że oczywiście mógł tak Kroński w gniewie powiedzieć, ale to nie miało żadnego znaczenia, żadnych konsekwencji. Kroński mógł być wściekły na kogoś, ale bardzo szybko mu to mijało.

Przypuszczam, że Walicki to człowiek mimozowaty.

Tak. Jego ojciec po wojnie siedział jakiś czas w więzieniu, bo należał w czasie wojny do organizacji Antyk, co miało znaczyć antykomunistyczna. Z powodu ojca nie chcieli przyjąć Walickiego na studia filozoficzne, co zresztą wyszło na dobre, bo poszedł na rusycystykę, gdzie przyjmowali wszystkich, i został wybitnym rusycystą.

Jak dowiedziałeś się o śmierci Stalina?

O czwartej rano zadzwonił do nas Henio Holland.

Nie byłeś zły, że was obudził?

Nie, w końcu było to wielkie wydarzenie dla całego świata.

I co sobie pomyślałeś w pierwszej chwili?

Przyjąłem ten fakt do wiadomości po prostu. Następnego dnia fotografie Stalina w trumnie i tak dalej. „Prawda" moskiewska opublikowała depesze kondolencyjne, które nadeszły od prezydentów i premierów wszystkich państw zachodnich, napuszone, pełne patosu, tylko Stany Zjednoczone wydały suchy, czysto biurokratyczny komunikat: „Rząd Stanów Zjednoczonych przesyła oficjalne kondolencje", coś takiego, i depesza od nich była w takim stylu.

Podejrzewałeś, że Stalin nie umarł śmiercią naturalną?

Nie, wtedy nie, i właściwie nadal nie mam takich podejrzeń. Napisano na ten temat sporo książek, oczywiście...

Awtorchanowa Zagadka śmierci Stalina. Spisek Berii.

Awtorchanow nie wydaje mi się wiarygodny, chociaż ciekawy. No, ale jest przecież relacja córki, Swietłany, z której nie wynika, że ktoś Stalina zabił, wynika natomiast, iż on pozbawiony był przez dłuższy czas pomocy lekarskiej, bo takie było przerażenie, taka groza wśród personelu, że nikt nie ośmielił się do niego podejść, gdy leżał nieprzytomny, i to być może spowodowało czy bardzo przyspieszyło zgon.

Następnego dnia mieliście jakieś zebranie w instytucie?

Mieliśmy, oczywiście, ktoś tam przemawiał bardzo łzawo.

A widziałeś ludzi rzewnymi łzami płaczących?

Widziałem. Głównie wśród tych starych komunistów właśnie. Pamiętam też, jak w kronice filmowej pokazywano ludzi płaczących we Francji. Wokół Stalina wytworzono tak niesłychaną zupełnie aurę wielkości i nieomylności, że to bardzo działało. Nie byliśmy tak głupi, żeby brać na serio wszystko z tej monstrualnej propagandy i bardzo często śmialiśmy się, czytając w rosyjskiej prasie jakieś głupoty, które nas uderzały. Byliśmy po stronie partii, co nie znaczy, że wszystkie szczegóły ideologii, zwłaszcza kult Stalina, przyjmowaliśmy na wiarę.

Dyskutowaliście na temat tekstów Stalina? Jego pracy o językoznawstwie na przykład?

Ona właśnie się ukazała, kiedy byliśmy w Moskwie. Poszedłem wtedy nawet na dyskusję o tej pracy do jakiegoś instytutu moskiewskiego. Pewien językoznawca, uczestnik dyskusji, napisał tegoż dnia w gazecie, że to wspaniałe dzieło i że potępiona w nim przez Stalina teoria Marra jest głupstwem nikczemnym, nic wspólnego nie ma z marksizmem-leninizmem, jest rażącą wulgaryzacją marksizmu-leninizmu i w imię marksizmu-leninizmu należy się jej zdecydowanie przeciwstawić. Ale parę tygodni wcześniej ten sam językoznawca ogłosił, że tylko teoria Marra pozostaje konsekwentną marksistowsko-leninowską teorią języka i że ona jedynie jest w zupełnej zgodzie z zasadami marksizmu-leninizmu. Inny dyskutant, obecny na sali, odczytał fragmenty obu tekstów, aby oportunizm umysłowy językoznawcy wykazać, i wszyscy gruchnęli śmiechem.

Od opisu tego zdarzenia zaczyna się twój tekst Aktualne i nieaktualne pojęcie marksizmu *ogłoszony po kilku latach, w pięćdziesiątym siódmym. Wykazujesz w nim, że marksizm stał się pojęciem o treści instytucjonalnej, a nie intelektualnej, i że marksistą jest ten, kto objawia gotowość do każdorazowego przyjęcia treści, jaką podaje Urząd.*

Oczywiście. Obecny na zebraniu działacz partyjny wyjaśnił, że śmiać się z językoznawcy-kameleona nie należy, bo człowiekowi wolno zmieniać poglądy i nikomu nie przynosi to ujmy. Jeszcze kilka razy uczestniczyłem razem z Jankiem Jarosławskim w podobnych dyskusjach naukowych w Moskwie.

Zabierałeś głos?

Nie. Raz nas wyproszono za drzwi. Uprzejmie, ale stanowczo jednak. Oni wiedzieli, że jesteśmy obcy, i nie życzyli sobie naszej obecności. Zawezwano nas w tej sprawie do jakiejś pani, zdaje się, administratorki, która nie bardzo wiedziała, co ma nam powiedzieć.

Czy po śmierci Stalina miałeś poczucie, że coś zmieni się na lepsze?

Nie, takiego poczucia, że będzie lepiej, niż było, jeszcze wtedy nie miałem. Odbył się pogrzeb, wszystkie treny zostały wyśpiewane, jakaś epoka się skończyła na pewno, ale przyszłość była niewiadomą. O pogrzebie Stalina interesująco pisał Jewtuszenko, mnóstwo osób tam zginęło, stratowanych, zadeptanych w ścisku. Jak to wszystko przeszło, wypuścili z więzienia grupę „lekarzy-morderców". Poetka z mojej generacji krótko przedtem zdążyła jeszcze napisać wiersz, w którym ich potępiała. Oczywiście, oskarżenia tych lekarzy były fałszywe, straszną propagandę wokół tego zrobiono. Po kilku miesiącach zaczęły się pojawiać teksty, w których Stalin wspominany był już bez tych napuszonych tytułów Wielkiego Wodza, Koryfeusza Nauk i tak dalej. Widać było, że ta cała feta została ukrócona od razu.

Rok po śmierci Stalina pojechałeś z Bronisławem Baczką do Berlina, gdzie na konferencji niemiecko-polskiej wygłaszaliście referat o nowych zadaniach marksistowskiej historiografii filozoficznej.

Nie było to nic ważnego.

Czytałem ten referat i zapadło mi w pamięć to, co mówiliście o Koperniku. „Postać Kopernika urasta do miary owych olbrzymów myśli, charakteru, wszechstronności i wiedzy, gdy nie odłącza się Kopernika astronoma od Kopernika ekonomisty walczącego o uzdrowienie monety w Polsce, od Kopernika inżyniera budującego wodociągi we Fromborku i Kopernika polityka walczącego z Krzyżakami o polskość Warmii". Ważne było, gdzie to mówiliście, bo przecież polskość Kopernika podawana była w wątpliwość.

Chodziło o próbę pokazania polskiej myśli naukowej piętnastego i szesnastego wieku. A także jej związków z odrodzeniem europejskim.

Czy we wschodnich Niemczech widać było raczkujący rewizjonizm?

W NRD byłem także w roku pięćdziesiątym piątym i te dwa pobyty nakładają mi się w pamięci jeden na drugi. To już było po buncie z lata 1953. I tam widać było poruszenie, oczekiwanie na jakieś zmiany. Jeździłem wtedy po różnych miastach – Lipsk, Halle, Magdeburg – to było interesujące. Mnie i Markowi Fritzhandowi dano do opieki towarzyszkę i ona nas obwoziła samochodem. Pamiętam, żc którcgoś dnia jechaliśmy z tą Marią Luizą i dwie młode dziewczyny, prowincjuszki, przypadkowo spotkane, zapytały nas, czy to prawda, że Hitler nie żyje.

Wygłupiały się?

Nie, skądże. Całkiem serio pytały. Nasza przewodniczka bardzo była oburzona, że można takie głupstwa mówić.

Podczas pobytu w NRD poznałem kilka osób ciekawych, na przykład Fuchsa, to był stary pastor, ojcicc znancgo agenta sowieckiego, który potem poszedł do więzienia w Anglii. Ten agent, fizyk z zawodu, miał coś wspólnego z sowieckim przemysłem nuklearnym. W NRD w partyjnym środowisku trzeba było sobie mówić „ty". Oczywiście, komuniści wszędzie łatwo na „ty" przechodzili, ale tam to było obligatoryjne od początku, niemiecki porządek. A raczkujący rewizjonizm, owszem, dawało się zauważyć. Ernst Bloch i Wolfgang Harich – dwaj filozofowie akademiccy – gadali podobne rzeczy co my w Warszawie, może jednak mniej ostre. Ale Harich bardzo głupio postąpił, bo napisał jakiś memoriał na temat potrzeby reform i posłał go do ambasady radzieckiej. Potem wsadzili go do więzienia, dostał dziewięć lat i tyle przesiedział.

W którym roku go zamknęli?

Zdaje się, że w pięćdziesiątym szóstym, może rok wcześniej.

I siedział potem, już po dwudziestym zjeździe? To ostro tam było.

O, tak. Tam było naprawdę ostro. Nas, mimo że gadaliśmy o wiele więcej i ostrzej niż Harich, nikt do więzienia nie wsadzał. Były różne szykany i przykrości, ale przecież chodziliśmy po ulicach. Wiem ze źródła nieoficjalnego, ale dobrego, że Walter Ulbricht, który przyjechał do Warszawy już po dojściu do władzy Gomułki, a więc pewnie w pięćdziesiątym siódmym to było, chciał na nim wymóc urządzenie międzynarodowego procesu rewizjonistów. Ale Gomułka się nie zgodził, nie mógł zresztą się zgodzić na taki proces, w tamtej atmosferze to było niemożliwe, żeby wsadził nas za jakieś gadanie.

A w Czechosłowacji byli ludzie z waszego pokolenia, których można by w ten spisek międzynarodowy wrobić?

Owszem, byli jacyś, ale ich nie pamiętam, nie jeździłem wtedy do Czechosłowacji.

Jerzy Jedlicki opowiadał, że duże wrażenie zrobiło na nim twoje starcie z Adamem Schaffem w pięćdziesiątym czwartym roku. Schaff wygłaszał referat o dziesięciu latach walki z filozofią burżuazyjną i powiedział, że marksizm jest kluczem do wszystkiego, a ty zaoponowałeś, twierdząc, że w analizie pojęcia narodu na przykład marksizm jest nieprzydatny. Schaff był twoim szefem, bądź co bądź. Atakowałeś go publicznie?

To całkiem możliwe. Nie odczuwałem jakiejś dyscypliny służbowej.

Wspominałeś, że dopiero około roku 1955 starzy komuniści zaczęli wam opowiadać o Rosji i systemie sowieckim. Kogo miałeś na myśli? Kto opowiadał?

Stefan Staszewski, Jadzia Siekierska, Celina Budzyńska – ci ludzie, którzy przeszli przez łagry, ale pozostali komunistami i robili w Polsce stalinizm. Coraz więcej prawdziwych wiadomości na ten temat przedostawało się do nas innymi także kanałami.

W instytucie mieliście chyba dostęp do ważniejszych książek zachodnich i emigracyjnych.

Tam w ogóle było więcej książek niż gdzie indziej. Na przykład mogliśmy korzystać z trzeciego tomu *Historii filozofii* Tatarkiewicza, który ukazał się drukiem, ale nie było go w sprzedaży. Ponadto w 1955 roku przeczytałem Orwella, Koestlera, Weissberga-Cybulskiego o łagrach, a także książkę Margaret Buber-Neuman o więzieniach sowieckich i gestapowskich. Coraz bardziej otwierały się nam oczy. Okropny system, okropna doktryna.

Niektórzy z was jeździli już na Zachód. Próbowaliście przywozić jakieś książki?

Kroński miał swój egzemplarz *Roku 1984*, ale tak się bał, że nie pożyczał go nawet najbliższym znajomym. Książki z Zachodu, oczywiście, konfiskowali na granicy. Pamiętam, że Ryś Matuszewski, wracając z Francji, przywiózł jakieś wydawnictwa literackie „Kultury". Kiedy mu je skonfiskowali, odwołał się, twierdząc, że prowadzi studia nad historią literatury, i tamte książki mu zwrócili. Ja też się odwołałem, bo skonfiskowali mi książkę przysłaną pocztą z Francji. To była naukowa książka o Pascalu. Poszedłem do urzędu na Żelaznej, gdzie te publikacje zabrane trafiały, i pytam urzędnika: „Jakim prawem konfiskujecie książki przysyłane pracownikom naukowym?". A on mi na to, bezczelny: „Aaa, widać oświetlenie tematu było niewłaściwe, niech pan nie myśli, że u nas książek się nie czyta, każdą zakwestionowaną książkę czytamy od deski do deski". I nie zwrócili mi tego Pascala. Więc napisałem w tej sprawie list protestacyjny do premiera Cyrankiewicza.

Odpowiedział ci?

Nie, skądże. Nie było żadnego echa. Wtedy jeszcze niewielu ludzi wyjeżdżało na Zachód. Niewielu też miało rozeznanie w książkach tam wydawanych. Stopień ignorancji był ciągle bardzo duży. Pamiętam, jaką sensację wzbudziły audycje Światły w Wolnej Europie. To, co mówił, było wstrząsające, chociaż jestem pewien, że różne rzeczy zmyślał.

Na przykład co?

No, choćby to, co mówił o PPR w czasach okupacji, jaką to zdradziecką działalność ta partia prowadziła, wydając Gestapo ludzi z AK. O pewnych rzeczach, nawet jeśli były prawdziwe, a przypuszczam, że mogły być takie, nie miał pojęcia, to się wyczuwało. Przypuszczam, że Światło był jednym z tych ludzi Berii, którzy się przestraszyli, kiedy Berię zlikwidowano. Nowak-Jeziorański opowiadał mi, że kiedy Światło był już w rękach CIA czy FBI, urządzono konfrontację, żeby go zidentyfikować. Amerykanie nie mieli przecież jego rysopisu i nie byli pewni, czy to on naprawdę, czy jakiś prowokator, który się podszywa. Do tej konfrontacji – Nowak był przy niej – sprowadzili człowieka, który za jakieś polityczne sprawy siedział wtedy w Polsce i Światło go przesłuchiwał. Spytali go, czy rozpoznaje Światłę. A tamten powiada: „Ha, nie tylko Światłę rozpoznaję, ale nawet swój zegarek, który on mi ukradł, jak siedziałem w więzieniu, a teraz ma go na ręku".

Ojciec opowiadał mi, że audycje Światły w Wolnej Europie to był prawdziwy szok.

Tak, to była bardzo spektakularna sprawa. Musieli nawet ogłosić oficjalny komunikat, że jakiś prowokator i kłamca nas szkaluje, nie mogli tego tak zupełnie przemilczeć. To jeszcze były czasy Bieruta.

Swoją drogą, Światło miał szczęście, że go Rosjanie nie zabili.

Tak, uratował się jakoś, bo Rosjanie z reguły zabijali swoich uciekinierów z wojska i z bezpieki. Taki Walter Krywicki na przykład był oficerem NKWD. Jak uciekł, zabili go w Waszyngtonie. Albo Ignacy Reiss, też ich człowiek, zabity gdzieś w Szwajcarii. W Polsce też był ktoś taki, kogo zaciukali. Z początku ci z FBI nie mieli żadnego doświadczenia w tym, jak trzeba chronić takich ludzi. A i później różnie bywało. Kuklińskiego nie zabili, ale jego dwaj synowie zginęli w niewyjaśnionych okolicznościach.

Czy poznałeś Ryszarda Kuklińskiego?

Nie, nigdy się z nim nie zetknąłem. Pamiętam, że wkrótce po aferze Światły uciekł Bialer.

Kto?

Seweryn Bialer, nasz kolega z instytutu. To też była dosyć głośna sprawa. Uciekł w Berlinie, przeszedł do zachodniej strefy, wtedy jeszcze nie było muru, oczywiście. Bialer, bardzo ostry komunista, zanim trafił do instytutu, był oficerem milicji czy bezpieki, w każdym razie pracował w resortach siłowych, jak to się dzisiaj mówi. No i uciekł, nie wiem, co go skłoniło do tego, czy miał jakieś tajemnicze sprawy, w które był wplątany.

On też pojawił się w Wolnej Europie i chyba nawet opowiadał coś w radiu o naszym instytucie, ale to nie był temat politycznie ważny. Dwadzieścia lat później widziałem go w Ameryce i rozmawiałem z nim, wykładał w Instytucie Brzezińskiego.

A kiedy ty po raz pierwszy pojechałeś na Zachód?

W 1955 roku byłem w Rzymie na kongresie tomistycznym. Sam wpadłem na pomysł tego wyjazdu i zasugerowałem, żeby mnie tam wysłano.

Czy to był ważny zjazd?

Chyba nie, bo nie przyjechał ani Gilson, ani Maritain, ale było wielu tomistów, jacyś księża. Oczywiście, ja tylko się przysłuchiwałem.

Napisałeś z tego kongresu szczegółowe sprawozdanie drukowane w „Myśli Filozoficznej". Konkluzja była druzgocąca: „Oglądamy batalię z wiekiem dwudziestym prowadzoną przez wiek trzynasty, uporczywie podtrzymujący swój muzealny rynsztunek jako jedyne narzędzie swego życia umysłowego". Uderzyła mnie w tym sprawozdaniu dociekliwość, z jaką referowałeś chybione, twoim zdaniem, próby interpretacji fizyki współczesnej za pomocą kategorii tomistycznych. Widać było, że lekcje, których udzielał ci Stanisław Ziemecki, nie poszły na marne.

Ciągle mnie jeszcze ciekawiły te sprawy, owszem.

O tomizmie bardzo krytycznie pisałeś też wcześniej, w tekstach, które weszły do książki Szkice o filozofii katolickiej.

W tamtych tekstach dominująca jest perspektywa ideologiczna, czy wręcz polityczna. Wystarczy przypomnieć tytuły: Neotomizm w walce z postępem nauk i prawami człowieka, Kwestia robotnicza w doktrynie politycznej Watykanu... *Ale tomizm nie budził twoich sympatii chyba także z innych powodów.*

Oczywiście, niezależnie od polityki. Wydawało mi się, że jest w nim coś bardzo przestarzałego, coś, co niczego nie jest w stanie wyjaśnić. Z czasem, oczywiście, zmieniłem swój stosunek do tomizmu, ale nadal nie uważam, że można dzisiaj z niego czerpać inspirację. Ale czytałem tomistów pilnie. Pamiętam, jak przeszedłem słowo po słowie, z wielką uwagą, całą *Summa contra gentiles* świętego Tomasza. Inne jego pisma też czytałem, chociaż mniej szczegółowo. Czytałem, oczywiście, Gilsona i Maritaina, który był bardziej publicystyczny. A Gilson to historyk pierwszej klasy, świetny. Oczywiście, on też był człowiekiem Kościoła i to się w jego dziełach wyczuwa. W książce o Augustynie sprawę, która w moim odczuciu jest kluczowa, sprawę predestynacji i łaski, po prostu pomija. Daje tylko jeden cytat, i to w przypisach, ale jako temat ta podstawowa kwestia w ogóle dla niego nie istnieje. No bo teoria Augustyna w sprawie predestynacji i łaski jest czymś trudnym do przełknięcia dla katolika, dla Kościoła katolickiego.

Czy Karol Wojtyła wydawał ci się tomistą?

On się nie odwrócił wyraźnie od tomizmu. Ale widać było, że myśli inaczej. Napisał dwie książki o Maksie Schelerze, krytyczne, naturalnie. Jednak czuło się, że jest pod wpływem tradycji fenomenologicznej. To nie był żaden klasyczny tomista, jakim był w Polsce na przykład Mieczysław Krąpiec. Na KUL wykładano tradycyjny tomizm.

Skąd się wzięło twoje zainteresowanie Spinozą? Właśnie o Spinozie napisałeś doktorat obroniony pod koniec roku 1953.

Pewnie miałem poczucie, że ten myśliciel, mało mi zrazu znany, nosi w sobie jakąś dziwną tajemnicę, którą warto i trzeba starać się wykryć. Pamiętam, że kiedyś, gdy jako student zdawałem egzamin u Kotarbińskiego, on powiedział: „Zadam panu niedyskretne pytanie: czy zaglądał pan do Spinozy?". „Tak – powiedziałem – zaglądałem, ale niewiele ponadto i mało o nim wiem". „To zupełnie jak ja" – powiedział Kotarbiński. W rzeczy samej, Spinoza nie jest dobrą lekturą dla ludzi o skłonnościach pozytywistycznych. Ja jednak postanowiłem wgryźć się w jego sekret. Nie umiem powiedzieć, w jakim stopniu to mi się udało. Moja praca doktorska była marna, potem jednak napisałem ją od początku do końca na nowo i wydałem. Ten tekst był lepszy, ale po krótkim czasie też nie byłem z niego kontent. Nie chciałem go wydawać w innych językach ani wznawiać bez istotnych poprawek, a tych poprawek jakoś nie zrobiłem. Ale długie studia nad Spinozą nie poszły na marne. Jeśli nie wykryłem sekretu tego umysłu, to jednak dotknąłem go i nauczyłem się wiele z tego dotknięcia.

Już po obronie doktoratu zacząłeś swoje wykłady z filozofii średniowiecznej na Uniwersytecie Warszawskim.

Prowadziłem je w roku akademickim 1954–1955.

Bronisław Geremek był podobno jednym z najpilniejszych two-
ich słuchaczy. Może to właśnie dzięki tobie został mediewistą.
Mówił po latach, że każdy filozof, o którym wykładałeś, był
człowiekiem z krwi i kości.

Pamiętam Bronka z tamtego czasu. Rzeczywiście, chodził
na te moje wykładziki. Ja nie byłem żadnym mediewistą,
specjalistą od epoki, ale trochę się nauczyłem. Z tym że to,
co gadałem, również było podbudowane ideologicznie, nigdy mi się nie chciało zaglądać do tego później.

Czytywałeś „Tygodnik Powszechny"? Zanim jeszcze przekaza-
no go Paksowi, więc de facto zlikwidowano?

Czytywałem nieregularnie, czasami.

W połowie roku pięćdziesiątego drugiego ostro polemizowałeś
z profesorem Stefanem Swieżawskim, który w „Tygodniku" na
pierwszej stronie ogłosił duży esej o Awicennie. Ty też napisałeś
o nim parę tekstów. Światowa Rada Pokoju czciła wtedy ty-
sięczną rocznicę urodzin Awicenny.

Nie pamiętam już tej polemiki, ale pewnie była z mojej strony krzywdząca. Profesora Swieżawskiego wtedy jeszcze nie
znałem. To był prawdziwy uczony, ale trudny w lekturze
przez niezwykły pedantyzm. Ta jego historia filozofii piętnastego wieku liczy sobie chyba z dziesięć tomów. Olbrzy-
mie dzieło. Kiedyś nawet mnie proszono, żebym pomógł
w przetłumaczeniu całości na angielski. Pisałem w tej sprawie listy, ale to się okazało niemożliwe…

W połowie lat pięćdziesiątych chyba jeszcze nie miewałeś spotkań i dyskusji z katolikami?

Wtedy nie było żadnych kontaktów bezpośrednich. One zaczęły się później, właściwie dopiero w latach sześćdziesiątych. Mieliśmy rozmowy z Jerzym Turowiczem i ludźmi z „Tygodnika".

A w Klubie Krzywego Koła, który działał od roku 1955?

Owszem, w klubie bywali ludzie z katolickich środowisk. Nie chodziłem tam regularnie, ale przychodziłem od czasu do czasu, to było niedaleko mojego mieszkania. Klub Krzywego Koła odegrał bardzo dużą rolę w kręgu inteligenckim, oczywiście jakoś już opozycyjnym. Bywali tam ludzie z bezpieki i coś sobie notowali na zebraniach, ale nikt się tym nie przejmował. Juliusz Garztecki, który klub zakładał, opowiadał mi, że poszedł do Bermana, aby z nim rzecz uzgodnić. I Berman zgodził się, prawdopodobnie uważając, że istnienie klubu będzie pożyteczne, bo powstanie miejsce, gdzie się będą kanalizować różne opozycyjne ideologie, a władza zawczasu będzie wiedziała, kto jest kim. Więc klub był legalny i bardzo interesujący. Pamiętam na przykład dyskusję nad filmem Andrzeja Munka *Zezowate szczęście*. Albo dyskusję po śmierci papieża Piusa XII. On umarł w 1958 roku. Na krótko przedtem byliśmy z Tamarą we Włoszech, w Rzymie, i pojechaliśmy do Castel Gandolfo. Tam akurat wielka masa ludzi szła w jakimś kierunku, więc poszliśmy z nimi, jak się okazało, na sam podwórzec papieskiego dworu. Papież wyszedł po chwili i kazał nam śpiewać: *„Cantare! Cantare!"*. No i śpiewaliśmy, a on spojrzał na nas i parę tygodni później skonał.

Po kilku latach napisałeś o Piusie XII w „Argumentach". Tytuł tekstu brzmiał Mówmy źle o zmarłych. *W światowej prasie omawiano właśnie książkę szwajcarskiego historyka zawierającą teksty i analizy dokumentów zebrane przez autora w archiwach Trzeciej Rzeszy. Dokumenty te uznawałeś za „miażdżące, jednoznaczne, nieodparte" i „potwierdzające wszystko, co wiedzieliśmy dotąd". Historia zachowania się Piusa XII w czasie wojny była, twoim zdaniem, hańbiącym fragmentem historii Kościoła.*

Nie miałem do tego papieża sympatii. A wtedy w Klubie Krzywego Koła, jak mówiłem o Piusie XII, katolicy bardzo się na mnie obrazili.

Czy istniało formalne członkostwo klubu?

Nie. Terminy spotkań nie były ogłaszane publicznie. Dostawaliśmy zawiadomienia pocztą. O Juliuszu Garzteckim ogłoszono niedawno, że był agentem. Nie sądzę, by donosił na ludzi, mógł być raczej tak zwanym agentem wpływu. Garztecki po Październiku usiłował założyć PPS i jak wiadomość o tym się rozeszła, kilku starych pepeesowców, takich jak Aniela Steinsbergowa, Cohn i inni, rozesłało list do niektórych osób, między innymi do mnie, w którym ostrzegało przed tą inicjatywą. Pisali, że Garztecki był żołnierzem AK i brał udział w powstaniu warszawskim, a po wojnie został zweryfikowany jako żołnierz AL, co sugeruje, oczywiście, że był w AK wtyczką AL. Ale jakkolwiekby było, klub przez kilka lat funkcjonował jako miejsce żywych debat.

Chyba z książki Witolda Jedlickiego dowiedziałem się, że wygłaszałeś tam odczyt w piątą rocznicę Października. Tekst się nie zachował?

Nie pamiętam, czy w ogóle istniał. Może coś gadałem na podstawie luźnych notatek tylko. Swoją drogą, Witold Jedlicki to była dziwna postać. Człowiek wykształcony, wielki znawca muzyki między innymi, ale pełen jakichś kompleksów, które nie są mi dobrze znane. Pamiętam, że spotkaliśmy się po latach w Ameryce, w Berkeley, gdzie on wpadł w środowisko trockistów, aktywne w 1968 roku, bardzo antyamerykańskie. A mnie zdumiewało, że on stał się tak wyraźnym zwolennikiem tego środowiska antyamerykańskiego i, oczywiście, występował przeciwko wojnie w Wietnamie, i propagował narkotyki, o których twierdził, że nie są szkodliwe. Widziałem go później przelotnie w Izraelu, gdzie się związał z bardzo antypaństwową grupą, zresztą interesującą. Człowiek, który ją prowadził, Szahak, odwiedził mnie w Oksfordzie, przedtem spowodowałem, że jego artykuł, szalenie, że tak powiem, antysyjonistyczny, został wydrukowany w „New York Review of Books", chociaż najpierw go odrzucono – udało mi się przekonać redaktora, żeby zmienili decyzję. Witold umarł w Izraelu.

XI

Nastał pamiętny rok 1956, rok wielkich wstrząsów i wielkiej zmiany. Ludwik Flaszen, zbuntowany krytyk literacki, nazwał go czasem Wielkich Torsji. Zaczęło się od dwudziestego zjazdu Komunistycznej Partii Związku Radzieckiego...

Tak, na wielką skalę wszystko zaczęło się od dwudziestego zjazdu, ale jednak my już przedtem pożegnaliśmy się z ideologią komunistyczną. W pięćdziesiątym piątym roku już wiedzieliśmy – mówiąc „my", mam na myśli siebie i swoich przyjaciół – że ta ideologia jest drogą donikąd. Niemniej pozostawaliśmy członkami partii jeszcze długo. Mieliśmy przekonanie, że skoro partia jest jedyną formą działalności politycznej, nie należy jej oddawać bez reszty w ręce drewnianych aparatczyków. Zresztą było to również stanowisko naszych znajomych za granicą: Nowaka-Jeziorańskiego czy Jerzego Giedroycia. Oni też sądzili, że nie należy oddawać partii tej najgorszej ferajnie. Oczywiście, było to dwuznaczne, jednak z partii nie występowaliśmy aż do chwili, kiedy nas z niej wyrzucono, co, oczywiście, było łatwe do przewidzenia. Tak się w końcu stać musiało.

Czy z dzisiejszej perspektywy myślisz, że w ostatecznym bilansie historycznym wasze pozostanie w partii okazało się słusznym wyborem, bo odegrało destrukcyjną rolę i przyczyniło się do nadwątlenia systemu?

Nie wiem. Wiem, że było to dwuznaczne, i wiem, że miałem świadomość tej dwuznaczności. A czy można to usprawiedliwić, mówiąc, że przyczyniliśmy się do demontażu systemu, tego teraz nie wiem. I, prawdę mówiąc, nie jestem powołany do tego, żeby to osądzać.

Kto jest powołany?

Ktoś, kto historycznie tamte rzeczy studiuje. Pozostawanie w partii traktowaliśmy jako zabieg polityczny, a nie jako przynależność ideologiczną. Ale było to nieuchronnie dwuznaczne, bo sama partia miała być tą ideologią, dawcą ideologii przymusowej. Być w partii znaczyło dawać do zrozumienia, że się przyjmuje tę ideologię, której ani ja, ani moi koledzy już nie przyjmowaliśmy.

Skoro już w pięćdziesiątym piątym roku wiedziałeś, jak strasznym, zbrodniczym systemem jest komunizm, dwudziesty zjazd nie był chyba dla ciebie wstrząsem.

Był bardzo ważnym wydarzeniem. Tajny referat Chruszczowa został wydrukowany i chociaż nie był oficjalnie dostępny, można było się z nim zapoznać, można było nawet kupić go na bazarze Różyckiego.

Ciekawe, ile kosztował.

Tego nie umiem ci powiedzieć. W każdym razie każdy, kto się interesował, mógł do niego dotrzeć. O ile wiem, to właśnie z Polski tekst referatu wyszedł na Zachód i został natychmiast opublikowany przez amerykański Departament Stanu.

A w Związku Radzieckim go wydrukowano?

Dopiero pod koniec panowania Breżniewa, a może dopiero za Gorbaczowa. Po dwudziestym zjeździe był to tam tekst tajny. Jesienią 1956 roku byłem po raz pierwszy w Paryżu i pamiętam, że komuniści francuscy nie chcieli wierzyć, że Chruszczow coś takiego wygłosił. Podejrzewali nawet CIA o wypuszczenie fałszywki i byli wstrząśnięci, kiedy ich zapewniliśmy, że tekst jest autentyczny. Oczywiście, Chruszczow wygłaszał referat na posiedzeniu zamkniętym, ale słyszałem, nie pamiętam już od kogo, że niektórzy zagraniczni delegaci na zjazd, w tym delegaci z Polski, byli tam obecni. Pojawiła się nawet pogłoska, na pewno nieprawdziwa, że Bierut, który wtedy był w Moskwie, umarł z powodu wstrząsu, jakiego po wysłuchaniu referatu doznał. Jak wiadomo, komunistyczni przywódcy bardzo lubili umierać w Moskwie.

W Warszawie plotkowano na ulicach, że Bierutowi leżącemu w otwartej trumnie nagle opadła ręka, jakby chciał komuś pogrozić. Mówiono też, że został w Moskwie otruty. Byłem małym dzieckiem i pamiętam, że okropnie bałem się tych opowieści.

Znam tylko oficjalny komunikat o przyczynach zgonu. Na pogrzebie nie byłem, ale pamiętam tłumy, które się schodziły. Polacy kochają przecież pogrzeby. Jakkolwiek było ze śmiercią Bieruta, referat Chruszczowa wstrząsu w nim chyba wywołać nie mógł, bo on to wszystko wiedział. Pracował nawet podobno w NKWD na Łubiance.

Skąd wiesz?

Spotkałem kiedyś w Meksyku Vladiego Serge'a, syna Victora Serge'a, który siedział na Łubiance. Przesłuchiwał go Polak o nazwisku Rutkowski, którego Serge zidentyfikował później jako Bieruta. Nie znaczy to, oczywiście, że musiał być oficerem NKWD, on był aparatczykiem Międzynarodówki, ale jest do pomyślenia, że takich ludzi w szczególnych wypadkach wzywano, żeby pełnili funkcję śledczych, chociaż nie byli zawodowymi enkawudzistami. A przypadek Victora Serge'a był szczególny, bo chodziło o człowieka z Zachodu, obywatela belgijskiego, ale z pochodzenia Rosjanina. W jakiej sprawie go przesłuchiwano, nie wiem. Czytałem jego książkę o carskiej ochranie, ale tam nic nie było na ten temat. Wypuszczono go w końcu, wyjechał i umarł w Meksyku. Na Łubiance nie był torturowany, o ile mi wiadomo. Nie wszystkich torturowali.

Bierut wiedział w każdym razie, co się tam dzieje.

Musiał wiedzieć. Nie mogły to być dla niego rewelacje.

Rozumiem, że bardziej zdziwiło cię nie to, co Chruszczow o zbrodniach stalinowskich mówi, ale to, że w ogóle o nich mówi.

Tak, bo nie zdawałem sobie z początku sprawy, po co mu to było, skoro sam, jako sekretarz partii na Ukrainie, był za zbrodnie odpowiedzialny. Ale rychło to zrozumiałem. On to mówił ze strachu. Ze strachu przed kimś, kto mógłby dostać władzę podobną do tej, którą miał Stalin. A to groziło śmiertelnym niebezpieczeństwem wszystkim. Ludzie nawet z najwyższych pięter hierarchii partyjnej mogli w mgnieniu oka przenieść się do piwnic NKWD, bo tak się Stalinowi spodobało. Nie można już było do tego dopuścić. Chruszczow postanowił Stalina strącić z tronu. I powiedzieć głośno, że tron był we krwi.

Czy w czasie dwudziestego zjazdu Gomułka znajdował się już na wolności?

Tak, wypuszczono go na krótko przed zjazdem. I już zaczynało być widoczne, że władza leci mu do rąk. Chruszczow, najwyraźniej wbrew swoim intencjom, doprowadził system na skraj przepaści, bo zrujnował jego ideologię, a w systemie totalitarnym właśnie ideologia, bez względu na to, czy i kto w nią wierzy, jest jedynym narzędziem legitymizującym państwo. Wystąpienie Chruszczowa wprowadziło w Polsce wielki ideologiczny niepokój i niepewność. Partia bardzo osłabła, zaczął się rozkład, rozsypywanie aparatu, wytoczono proces Różańskiemu, nikt nie wiedział, czego się trzymać, nie było najwyższego autorytetu.

W tej atmosferze zamętu pierwszym sekretarzem został Edward Ochab.

Ale na krótko – jedyny to chyba znany wypadek w historii, że generalny sekretarz partii komunistycznej z wielkim zadowoleniem zrzeka się swojej funkcji. Na plenum partii, jeszcze przed dojściem Gomułki do władzy, mówiono o tym, w jakich warunkach bezpieka trzyma ludzi więzionych, jak ich torturuje. Wszyscy o tym już wiedzieli i tylko jeden człowiek w Warszawie udawał, że nie wie, mianowicie Berman, odpowiedzialny w kierownictwie partyjnym właśnie za bezpiekę. Po tym plenum wypuszczono z więzień dużo ludzi, już nie bardzo nawet badając ich sprawy. Z osób, które znałem, wyszła między innymi Anita Duracz, żona Felka Duracza, sekretarka Bermana, którą wsadzono z niejasnych powodów. Wyszedł też z więzienia Mietek Walczak. On był swego czasu w Zarządzie Głównym AZWM „Życie", który zresztą naszej łódzkiej grupie zarzucał jakieś odchylenia ideologiczne. Walczaka aresztowano w związku ze sprawą Mariana Spychalskiego, bardzo ważnej przecież figury w podziemnej PPR, w kontrwywiadzie PPR, i wsadzono go do więzienia, oczywiście pod zarzutem współpracy z Gestapo. Kalina Gruszczyńska – żona Marka Fritzhanda – która także była członkiem partii w czasie okupacji, opowiadała mi później, że gdy wpadła w ręce Gestapo i siedziała w więzieniu, Walczak, też tam zamknięty, przychodził do niej, co było dość dziwne, i namawiał ją, żeby powiedziała wszystko, co wie, bo i tak Niemcy już wszystko wiedzą. Oczywiście, przemawiało to przeciwko Walczakowi, ale trudno było wyrokować w tej sprawie, bo czasy były takie, że niczego nie wiedziało się na pewno.

Wkrótce po dwudziestym zjeździe, a jeszcze przed poznańskim Czerwcem napisałeś słynny tekst Czym jest socjalizm.

Nawet go posłałem do „Po prostu", ale, oczywiście, nawet jak na tamto rozprężenie cenzury okazał się niecenzuralny.

„Socjalizm nie jest społeczeństwem, gdzie pewien człowiek, który nie popełnił przestępstwa, czeka w domu na przyjście policji [...]; państwem, gdzie jest więcej szpiegów niż pielęgniarek i więcej miejsc w więzieniach niż w szpitalach [...]; społeczeństwem, gdzie pewien człowiek jest nieszczęśliwy, ponieważ mówi to, co myśli, a inny jest nieszczęśliwy, ponieważ nie mówi tego, co myśli [...]". Bronisław Geremek powiedział, że wygłaszałeś to pierwszego maja na Uniwersytecie Warszawskim.

Pierwsze słyszę. Nie pamiętam, żebym ów artykuł wygłaszał. Pamiętam natomiast, że czytano go na głos w Piwnicy pod Baranami. Jako tekst satyryczny.

Słyszałem też, że maszynopis przybity był do drzwi Biblioteki Uniwersyteckiej.

Chyba raczej wisiał w gablocie na dziedzińcu. Podobnie jak drugi mój tekst z tamtego okresu, *Śmierć bogów*. Też go wtedy posłałem do „Po prostu", wiedząc, że się nie ukaże, chociaż był taki moment, kiedy cenzura prawie przestała istnieć. Prawie... No, ale jednak oba tamte teksty jakoś się rozchodziły wśród ludzi, bo je ręcznie przepisywano. Powielacze były wtedy traktowane jako broń śmiertelna.

Te twoje pierwsze teksty „z drugiego obiegu", jak później mawiano, przynosiły bilans waszych — młodych komunistów czy też ludzi uznających się za komunistów — straconych złudzeń; to była lista iluzji. Lista bezlitośnie samokrytyczna, bo nie sporządzona bynajmniej z pozycji zawiedzionych i oszukanych. Nie mówmy, pisałeś, że brakowało nam wiedzy o tym, co naprawdę się dzieje, bo „mając jej mniej niż dzisiaj, mieliśmy jednak dosyć, i aż zanadto, żeby posiąść jasną świadomość przepaści między własnym wyobrażeniem o socjalizmie a rzeczywistością radziecką i naszą własną. Co więcej – nie byliśmy ślepi, tysiące faktów budziły naszą grozę lub śmiech – jedno i drugie platoniczne, niegroźne i bezzębne".

Powtórzę, co już powiedziałem: nikt nie jest usprawiedliwiony przez to, że padł ofiarą oszustwa, a brak odwagi nie tłumaczy nikogo, choćby dał się historycznie objaśnić, bo człowiek jest odpowiedzialny za wszystko, co czyni.

W Śmierci bogów pisałeś, że królem mitów, służących komunistom do samooślepiania się na rzeczywistość, był mit jedności ruchu robotniczego i klasy robotniczej, jedności, którą stalinowska władza zmieniła w jedność czysto biurokratyczną, „jedność kupy kamieni wrzuconych do worka i ściśniętych sznurem wojskowej dyscypliny". W czerwcu 1956 roku na ulicach Poznania kamienie z worka zaczęły wołać ludzkim głosem.

Wiadomości z Poznania bardzo szybko dotarły do Warszawy. I był to dla nas ogromny wstrząs. Pamiętam stan napięcia, który wtedy zapanował. Partia próbowała bronić się po staremu, radiowe przemówienie Cyrankiewicza to znów było nawoływanie do jedności organizowanej metodą knebla i pięści. Ten słynny, wielokrotnie później cytowany fragment: „Każdy prowokator czy szaleniec, który odważy się podnieść rękę przeciw władzy ludowej, niech będzie pewny, że mu tę rękę władza ludowa odrąbie". Ale bunt robotników jeszcze bardziej wzmógł wewnątrzpartyjny ferment. Przeciwko fałszywie pojmowanej jedności robotniczej wystąpili sami robotnicy – „awangarda rewolucji". Gdyby nie obecność Gomułki – w jakiejś mierze opatrznościowa – mogło dojść do zupełnego rozkładu. Pewnie nie obyłoby się bez inwazji sowieckiej. W Październiku też byliśmy od niej o krok. Generał Hübner, który kierował wojskami Korpusu Bezpieczeństwa Wewnętrznego, w momencie kiedy czołgi sowieckie posuwały się w kierunku Warszawy, i od niego zależało, co zrobić należy, opowiadał mi, że ustalił sobie arbitralnie linię, której czołgi nie mogą przekroczyć, i postanowił, że jeśli ją przekroczą, zaczniemy strzelać. I czołgi dotarły niemalże do samej tej linii, i tam jednak się zatrzymały.

Czy pamiętasz, gdzie ta linia przebiegała?

Nie, nie umiem tego powiedzieć. Ale byliśmy o krok od rzezi.

XII

Tak się złożyło, że wkrótce po wydarzeniach czerwcowych, jesienią 1956 roku, nawet jeszcze w październiku, byłem po raz pierwszy w życiu we Francji. Pojechaliśmy tam w większej grupie na zaproszenie UNESCO. Z moich bliższych znajomych znaleźli się w tej grupie Janek Strzelecki, Paweł Beylin, Bronek Baczko, Henryk Hinz, jacyś ludzie z romanistyki, bo trzeba było znać francuski...

To było stypendium?

Nie, dostaliśmy trochę pieniędzy, ale to była raczej wycieczka krajoznawcza. Wożono nas w różne miejsca, na północ i na południe, do Prowansji, do Lille, do Bordeaux, mieliśmy różne spotkania, a to w fabryce metalurgicznej, a to w rzeźni jakiejś, chodziliśmy na wykłady, pamiętam na przykład wykład Lévi-Straussa, bardzo to ciekawe wszystko było. Do obiadu każdy z nas dostawał butelkę wina, a do kolacji drugą, wypijaliśmy codziennie po dwie butelki i nikt nie był pijany. Porobiłem tam mnóstwo znajomości, które później przechowały się na wiele lat. Poznałem Jerzego Giedroycia...

Już wtedy?

Tak, pojechaliśmy z Pawłem Beylinem do Maisons-Laffitte. Wtedy, oczywiście, nie należało się tym specjalnie chwalić, bo dla władzy w Polsce „Kultura" to było ognisko zarazy, nora przestępców, miejsce straszne.

Jakie wrażenie miałeś po pierwszym kontakcie z Giedroyciem?

Wiedziałem, że to jest człowiek rozsądny, politycznie bardzo doświadczony, ale miałem jeszcze wtedy poczucie, że należymy do obcych sobie światów, że jego świat jest inny od naszego. W Warszawie czytywałem „Kulturę", jeden egzemplarz dostępny był legalnie w bibliotece Związku Literatów, nie pamiętam dokładnie od kiedy, nie można go było wypożyczać, tylko czytało się na miejscu. Rozmowy z Giedroyciem były ciekawe – namawiał nas, żebyśmy szli do robotników i gadali z nimi jak najczęściej. Nawet próbowaliśmy to w pewnym momencie robić, ale to ukrócono bardzo szybko.

Na czym te próby polegały?

Byłem w jakieś fabryce, nie pamiętam już w jakiej.

Z odczytem?

Nie, na rozmowie. Rozmawiałem z grupą robotników o sytuacji w kraju. Ale partia natychmiast położyła kres takim spotkaniom. Bała się.

Jak długo byłeś w Paryżu?

Krócej, niż miałem być. Bo nadszedł Październik i w gazetach francuskich pojawiły się alarmujące artykuły. Czytaliśmy, że czołgi sowieckie idą na Warszawę, że rozdaje się broń studentom i robotnikom. Oczywiście, te informacje były trochę przesadzone, ale postanowiłem przyspieszyć swój powrót.

Z całą grupą?

Nie, wracałem sam. Tamara była w Warszawie i uważałem, że powinienem być na miejscu razem z nią. Przyjechałem dokładnie tego dnia, kiedy Gomułka przemawiał na placu Defilad. Pamiętam, że przed moim wyjazdem z Paryża byliśmy w Oranżerii i tam wpadł dygnitarz partyjny z Polski, któryś z sekretarzy wojewódzkich, zapomniałem nazwiska. I rzucił się na nas z krzykiem: „A, to wy, demokraci! To przez was to wszystko! Wyście to spowodowali! Jutro będą czołgi sowieckie w Warszawie! To wasze prowokacje!". Myśmy, oczywiście, odpowiadali ostro, zrobiła się awantura na całego.

No i prosto z Paryża trafiłeś na plac Defilad.

Tak, prosto z Paryża. Nie pamiętam dokładnie, w którym momencie wiecu się tam znalazłem. I od razu poczułem rozczarowanie, gdy Gomułka kończył swoje przemówienie słowami: „No, a teraz, towarzysze, trzeba do roboty, nie politykować więcej". Ale tłum reagował entuzjastycznie. Jechałem do Warszawy pociągiem i ludzie mówili mi: „Panie, nie ma w Polsce ani jednego człowieka, który byłby przeciwko Gomułce". I tak chyba było naprawdę. Uważano powszechnie, że Gomułka to polski patriota, który doprowadzi do suwerenności kraju. Krążyły nawet absurdalne pogłoski, że jest demokratą prawdziwym.

Byłeś sceptyczny?

Byłem, ale uważałem, że władza w rękach Gomułki to najlepsze, co wtedy mogło się zdarzyć. Październik to przed moim wyjazdem z kraju w sześćdziesiątym ósmym jedyny moment, w którym było naprawdę poczucie narodowej jedności. A także poczucie, że coś rzeczywiście nowego i dobrego się zapowiada. Nie liczyłem jednak ani na niezawisłość od Rosji, ani na demokratyczny przełom. W końcu pamiętaliśmy trochę Gomułkę z poprzedniej epoki. To był człowiek ideowy, ale mocno ograniczony przecież. Nie miałem więc złudzeń nadmiernych, wiedziałem, że musimy robić wszystko, co można w ramach tego systemu – bronić kultury, dochodząc do granicy, poza którą wyjść już nie było można.

Wyjść spróbowali Węgrzy...

To była sprawa dni. Oskarżano Wolną Europę, że na Węgrzech podgrzewa atmosferę, jak tylko można, doprowadzając do tego, co się stało. Sekcja polska Wolnej Europy była znacznie bardziej ostrożna. Nowak-Jeziorański już w 1953 roku podczas rozruchów w Niemczech studził nastroje Amerykanów, którzy uważali, że właśnie zaczął się rozkład sowieckiego bloku. A Nowak mówił, że za trzy dni będzie po wszystkim, i uchodził potem za człowieka, który potrafi przewidywać, jak się sprawy potoczą. W Polsce była wielka solidarność z Węgrami. Wielu moich znajomych pojechało do Budapesztu. Zbierano pieniądze, oddawano krew. Pamiętam wielki wiec w Politechnice, w tej pięknej auli, na dzień przed inwazją sowiecką na Węgry. Podjęliśmy wtedy rezolucję bardzo ostrą, którą trzeba było złożyć w ambasadzie sowieckiej. Przewodniczący zebrania zapytał, kto ją tam zaniesie. I wtedy rozległy się okrzyki: „My wszyscy!". Gdyby dziesięć tysięcy osób poszło wtedy pod ambasadę sowiecką, a po dojściu na miejsce już byłoby dwadzieścia tysięcy, to nie wiadomo, co mogłoby się stać. Ale, na szczęście, nie ruszył ten pochód na ambasadę, jakoś to rozładowano, jeśli dobrze pamiętam, między innymi dzięki Krzysztofowi Pomianowi. Pamiętam, że sekretarz KC ówczesny, Artur Starewicz, przemawiał wtedy.

W Budapeszcie byłeś po stłumieniu rewolucji.

Tak, większość ludzi, których Sowieci aresztowali, już pozabijano. Rozmawiałem z Lukácsem, którego z jakichś powodów nie zabili i wrócił z obozu w Rumunii. Spotkanie z nim było dość rozczarowujące, bo on ciągle powtarzał, że stalinizm to już przeszłość i teraz prawdziwy socjalizm zostanie zbudowany, widać było, że w to ciągle wierzy.

W 1957 roku pracowałeś w redakcji tygodnika „Nowa Kultura". Jakie masz wspomnienia stamtąd?

To trwało niespełna rok. Zaczęło się od zamachu stanu – wybraliśmy sobie redaktora naczelnego, Witka Woroszylskiego, to było niezwykle, żeby zespół sam o takiej nominacji zdecydował. Przychodziłem tam stale, siedzieliśmy w redakcji godzinami, dyskutując na różne tematy. To trwało aż do czasu, kiedy partia narzuciła nam odgórnie nowego naczelnego, którym został Stefan Żółkiewski. Wtedy wystąpiliśmy z redakcji – cała grupa osób, dość liczna. Ja dowiedziałem się o sprawie za granicą i natychmiast powiadomiłem kolegów, że rezygnuję wraz z nimi. I ta nasza rezygnacja została nawet wydrukowana. Żółkiewski ogłosił, że ci i ci występują z redakcji, nie odmawiając jednak współpracy z pismem.

W 1957 roku najważniejszym tekstem, jaki „Nowa Kultura" opublikowała, był twój esej Odpowiedzialność i historia.

Nie wiem, czy to było aż tak ważne, jak mówisz. Tamten tekst poszedł w kilku odcinkach, ale nie pozwolono ogłosić, że tak będzie, ani nawet zaznaczyć: ciąg dalszy nastąpi, bo nie było pewne, czy kolejne odcinki się ukażą. Cenzura coś tam powycinała...

Widać to na szpaltach, w wielu miejscach wiatr po nich wieje, czcionka jest rozrzedzona w charakterystyczny sposób. Niektórzy z twoich kolegów, na przykład Stefan Amsterdamski, sądzili, że w publicystyce z lat pięćdziesiąt sześć–pięćdziesiąt siedem przeciągasz strunę, igrasz z ogniem i w końcu się doigrasz.

Pewnie tak było. Choć dawałem pełno ochronnych kawałków, żeby coś tam powiedzieć. Wiekami uświęcony sposób obchodzenia się z cenzurą.

No i się doigrałeś. Władysław Gomułka na plenum Komitetu Centralnego potępił cię w referacie „Węzłowe problemy polityki partii" jako głównego herolda rewizjonizmu. A przecież, wy-

jaśniał: „Dogmatyzmu nie leczy się rewizjonizmem. *Rewizjo-nistyczna gruźlica może tylko spotęgować dogmatyczną grypę. Jeśli partia nasza odrzuciła dogmatyzm i sekciarstwo, nie ma w tym żadnej zasługi rewizjonistów. Partia dokonała tego własnym, marksistowsko-leninowskim mózgiem".*

W tym przemówieniu na plenum Gomułka jako rewizjonistów wymienił też z nazwiska Wiktora Woroszylskiego i Romana Zimanda. Oni nie wiedzą – mówił – że rewizjonizm już istniał, powtarzają to, co Bernstein głosił. Oczywiście, nie czytał nigdy Bernsteina i nie miał pojęcia, o co mu chodziło, wiedział tylko, że było takie słowo „rewizjonizm". Gomułka był prostakiem, ale – jak wszyscy komuniści – siedząc w więzieniu, coś tam czytał. I zapamiętał, że jakiś Bernstein o rewizjonizmie mówił.

Gomułka sam pisał to przemówienie?

Przypuszczam, że tak, ale nie mógłbym przysiąc. To nie był człowiek, któremu po prostu jakiś sekretarz podsuwał tekst gotowy.

A sądzisz, że Gomułka czytał twoje teksty z tamtego okresu. Podobno najbardziej rozjuszył go artykuł, jaki ogłosiłeś w „Życiu Warszawy" – Tendencje, perspektywy, zadania, *to była właściwie odpowiedź na ankietę redakcyjną.*

Nie przypuszczam, żeby coś czytał oprócz tej błahej notatki. No i tekstu *Czym jest socjalizm*, bo go cytował. Ale możliwe, że mu podsunięto coś jeszcze. Jakiś artykuł ocenzurowany, z podkreśleniami na czerwono.

„Błaha notatka", powiadasz? Dla historyków takich jak Andrzej Friszke ten twój artykuł z „Życia Warszawy" jest dziś wręcz manifestem, programem ruchu reformatorskiego. Siła tego tekstu polegała, moim zdaniem, na tym, że wyraźnie dawałeś do zrozumienia, dlaczego program prawdziwie demokratyczny – choćby nawet program „jak mówią co bieglejsi łacinnicy- minimum minimissimum" – nie został po Październiku 1956 racjonalnie skonstruowany. Uzasadniałeś to tak: „Znajdujemy się w sytuacji, w której – nie waham się tego powiedzieć – nie stoimy w obliczu rychłych przemian socjalistycznych w Polsce. Okoliczność ta wynika z charakteru otoczenia, w jakim znajduje się nasz kraj, z charakteru suwerenności państwowej, jaką dysponujemy, oraz z poziomu ogólnospołecznego rozwoju, na jakim jesteśmy – w zakresie zarówno techniki, jak świadomości politycznej społeczeństwa, jak wreszcie jego stanu kulturalnego i obyczajowego. [...] Życie nasze współczesne dokonuje się w procesie stałego przezwyciężania sprzeczności pomiędzy polską racją stanu a zasadami ideologii socjalistycznej. Nie jest w naszej mocy obecnie zlikwidować tę sprzeczność, która dotkliwie daje o sobie znać w różnych dziedzinach życia. Możemy tylko starać się o to, aby kompromisy, których ona wymaga, były tak małe, jak to jest tylko możliwe". Pisząc o „przemianach socjalistycznych", miałeś na myśli socjalizm „nowy, inny". Gomułka grzmiał z trybuny, że za ten „rewizjonistyczny katzenjammer towarzysz Kołakowski został wyróżniony przez burżuazyjną i trockistowską prasę, która zamieszcza na swych łamach jego artykuły nie przepuszczone przez cenzurę do druku w Polsce".

Oprócz przemówienia Gomułki na plenum był też jego inny tekst, niedrukowany, który ktoś mi dostarczył. Tam też rzucał się na mnie i twierdził, że ja żądam demokracji absolutnej, a z takiej demokracji to przecież, wiadomo, Hitler potem wychodzi...

Czytałem gdzieś, że przemówienia Gomułki na plenum wysłuchałeś na ulicy. Wtedy w mieście wszędzie były zainstalowane megafony.

Tak, to było jak z Orwella. Szedłem Marszałkowską i co chwila Gomułka wykrzykiwał z tych megafonów moje nazwisko: „Ko-ła-kow-ski, Ko-ła-kow-ski...".

Ciekawe, że dla władzy komunistycznej to, co mówi pisarz i filozof, było tak strasznie ważne.

Tak, to charakterystyczne dla tego systemu. Na Zachodzie, we Francji na przykład, obserwowano to z niejaką zawiścią. No bo tam ukazywały się jakieś odezwy, znani ludzie podpisywali listy protestacyjne i nikogo to nie obchodziło, nie miało żadnego znaczenia. A gdy u nas kilka osób coś tam napisało czy nagadało, to już była rewolucja, trzęsienie ziemi. Ten system był bardzo podatny na zranienia, bardzo łatwo go było uderzyć, właśnie przez jego charakter totalitarny.

Adam Sikora opowiedział reporterce „Gazety Wyborczej", że w tym samym mniej więcej czasie, kiedy Gomułka wyklinał cię z mównicy, na korytarzu w Domu Partii czekała delegacja ze Stoczni Szczecińskiej. Stoczniowcy przyjechali zmordowani, mijały godziny i nikt nie miał czasu, żeby ich przyjąć. A po korytarzu co chwila latali jacyś ludzie, powtarzając: „Kołakowski, Kołakowski". W końcu stoczniowcy mieli tego dosyć i któryś z nich wybuchnął: „Co tu się dzieje, do cholery, jaki Kołakowski, co nas on obchodzi, my pochylni od trzech miesięcy nie możemy skończyć, dlaczego tym się nikt nie zajmie?!".

Bardzo zabawne. Nie znałem tej opowieści.

W końcu doszło do twojego spotkania z Gomułką.

Zaaranżował je Stefan Staszewski. Nie wiem właściwie w jakim celu. Być może liczył na złagodzenie sytuacji politycznej, przełamanie rosnącej wrogości kierownictwa partyjnego i intelektualistów. Oczywiście, nic takiego nie zaszło. Ale to była interesująca rozmowa.

Gdzie się odbywała?

W gabinecie Gomułki, w KC. Na wstępie powiedział mi, że jest „na chorobie", ma zwolnienie lekarskie i dlatego może się ze mną spotkać. Rozmawialiśmy parę godzin.

Poczęstował cię czymś?

Nie pamiętam. Chyba nie, może herbatą. Był bardzo szczery w tej rozmowie, niczego nie udawał. To nawet zrobiło na mnie dobre wrażenie. „Co wy sobie myślicie – mówił – że jak myśmy tolerowali różne wasze wybryki, to będziemy je tolerować zawsze? Myśmy je tolerowali, bo partia była słaba, rozbita, a jak partia będzie się umacniać, to zlikwidujemy, co trzeba. Dziennikarze będą pisać tylko to, co im każemy, zobaczycie. Już ja wiem, co ludzie z waszego środowiska mówili, jak siedziałem". „Owszem – mówię – ale dokładnie to samo można też powiedzieć o ludziach, któ-

rzy dzisiaj są waszymi najbliższymi współpracownikami".
„To prawda – on na to – ale teraz już są posłuszni". Widać było, że Gomułka jest rozgoryczony, bo nikt go nie bronił przecież, kiedy poszedł do pierdla, nie było ani jednego takiego człowieka. Z drugiej strony nie powinien mieć złudzeń, skoro tyle lat był w tej partii i siedział przed wojną.
Pamiętasz może wiersz Szpota o tym, jak Gomułka obiera kartofle w więziennej celi i rozmawia z Ukraińcem, który też tam siedzi i chwali się, jak to jest w Związku Radzieckim – gdzieś przecież podano, że Gomułka siedział z Ukraińcem w kartoflarni więziennej.

Z okazji sześćdziesiątej rocznicy urodzin Gomułki ogłoszono jego życiorys i tam była wzmianka, że przed wojną, podczas pobytu w więzieniu w Rawiczu, pracował w kartoflarni z pewnym ukraińskim poetą.

Mam tu gdzieś na półce wiersze Szpotańskiego, zobacz...

Są. Zaraz ci przeczytam. Gomułka jak w innych wierszach Szpota pojawia się jako Gnom. A ten poeta, Taras, mówi mu:

*„Ach, Wiesław miłyj, w ZSRRze
jest więzień tyle, że aż dziw bierze!
Gdzie dawniej były stepy, burzany,
dziś tysiąc łagrów pobudowanych.
Smotrisz wokoło, wot progres kakij –
zamiast kurhanów wszędzie baraki,
a w tych barakach żyźni swej goda
prawie połowa pędzi naroda.*

I poprzez stepy pieśń rzewna płynie:
»Nie masz, jak życie na Ukrainie«".

Gnom na to, że ma polską drogę do socjalizmu i że nie chce bu-
dować baraków, bo więzienia, popierając przemysł murarski,
wznosić będzie z pustaków. A gdy Taras upomina go:

„Oj, Wiesław miły, a znasz ty Czeka?
Czeka z decyzją nigdy nie zwleka
i odkłonienie twe nacjonalne
następstwa będzie miało fatalne!",

odpowiada hardo:

„Tylko mnie nie strasz, drogi Tarasie,
bo tych pogróżek nie boję ja się!
A co zaś tyczy się odchylenia,
to dogmatyczny masz punkt widzenia
[...]
Słuszności mojej to będzie miernik,
że zrobię w Polsce własny październik!".

Tak, Gomułka był rozgoryczony, ale twardy, czuło się, że
nie da sobie w kaszę dmuchać. Dziennikarze będą pisać, co
im każemy, mówił, od tego jest cenzura, żeby działała. Ja
mu wtedy powiedziałem: „Tak, wiem o tym, bo nawet listy
z zagranicy ciągle dostaję pootwierane przez waszą cenzurę". „A co – on mówi – jest gdzieś napisane, że tak nam
nie wolno?". „Jest – powiadam – mianowicie w konstytucji".
A on na to: „Aaa tam, konstytucja…".

To rzeczywiście szczerze z tobą rozmawiał.

Przyjąłem to z uznaniem, że nawet nie starał się blagować. To była ciekawa rozmowa. Wspomniał, że mam wyjechać za granicę, zdawkowo o tym mówił, ale zrozumiałem, że mi dadzą paszport.

Nie próbował cię szantażować? Damy paszport, ale wy, towarzyszu...

Nie, nie próbował, oni wiedzieli, że to by nie podziałało.

XIII

Rozmawiamy tyle o polityce być może dlatego, że, jak ktoś powiedział: „Nasz wiek jest czasem, którego całą substancję stanowi polityka. Nawet róże poetów mają jej zapach". A przecież, mimo wszystko, nigdy nie byłeś zawodowym politykiem.

Dzięki Bogu!

Nie pełniłeś funkcji publicznych.

Chwalić Boga!

Nie miałeś bezpośredniego wpływu na żadne decyzje polityczne.

Boże, uchowaj!

Zajmowałeś się filozofią i chociaż, jak wszystko, nieuchronnie bywała ona wciągana w tryby małej i wielkiej polityki, przy filozofii pozostałeś. Dlaczego w ogóle postanowiłeś zająć się właśnie filozofią?

Ktoś mi kiedyś już zadał podobne pytanie, w młodości. Dlaczego chcę studiować właśnie filozofię.

I co odpowiedziałeś?

Dlaczego? Żeby mieć fach w ręku!

Nie obawiałeś się, że ten fach nie zapewni ci środków do życia, nie pozwoli utrzymać rodziny?

Nie pamiętam, abym się specjalnie obawiał.

Z czego żyje filozof Leszek Kołakowski?

Jak to z czego? Mam emeryturę. Trochę zarabiam honorariami za artykuły i książki. To wszystko.

Pytam tak, bo w pięćdziesiątym szóstym roku opublikowałeś esej pod tytułem Z czego żyją filozofowie? Dociekałeś w nim nie tego, kto opłaca filozofów za ich zajęcia, ale tego, dlaczego i po co się ich opłaca.

Skoro budżety większości państw przewidują pewne wydatki na filozofię, to widać musi być ona do czegoś użyteczna i zaspokajać czyjeś potrzeby.

Owszem, ale, jak pisałeś, sam fakt, że filozofia jest opłacana przez społeczeństwo, nie wyklucza możliwości, iż jedyne jej zaplecze stanowi siła tradycji, na podobieństwo pstrych kostiumów, jakie noszą szwajcarscy halabardnicy przy bramach Watykanu. Czy miewałeś niekiedy poczucie, że dostajesz pieniądze jak szwajcarski halabardnik?

Czyli nie wiadomo za co... Tak, miewałem nieraz takie poczucie. Chociaż mógłbym pewnie jakoś uzasadnić to, że płacono mi pensję. Wszystkie uniwersytety świata mają wydziały filozofii, profesorowie na nich wykładają, studenci na te wykłady chodzą, a więc widocznie jest to do czegoś potrzebne. Nawet jeśli trudno zdefiniować, do czego mianowicie jest potrzebne.

Może jednak postaramy się o definicję. To chyba Arystoteles powiadał, że wszystkie nauki i każda z nich z osobna są pożyteczniejsze od filozofii, ale lepszej nie ma ani jednej. Szlachetność filozofii miałaby polegać właśnie na jej kompletnej bezużyteczności praktycznej.

Ale inni wielcy filozofowie twierdzili, że filozofia ma wyłącznie zadania praktyczne, mając na myśli edukację moralnej natury, a więc naukę cnoty, która uchodziła za warunek szczęścia, czy po prostu była z nim identyczna.

W szkicach, które złożyły się na twoją książkę Światopogląd i życie codzienne, *wydaną w roku 1957, stawiasz właściwie znak równości pomiędzy filozofem a moralistą. Filozofia, pisałeś, to kształcenie umysłowe w zakresie kwestii obejmujących to, co zwykło się nazywać poglądem na świat, a więc w zakresie przekonań, które wpływają na nasze postawy moralne, które kształtują nasze zachowania społeczne i których zrozumienie zmienia w jakiś sposób nasze postępowanie. Mnóstwo wiadomości zdobytych w szkole powszechnej, na przykład taka oto, że karpie żyją w wodach słodkich i obfitych w plankton, nie wchodzi w skład naszego światopoglądu, chociaż jesteśmy przekonani o ich prawdziwości.*

Ale, oczywiście, w niektórych twierdzeniach, bardzo skromnych na pozór, jest już zawarta określona opcja filozoficzna czy historyczna. Jules Michelet miał rozpocząć swoje wykłady o historii Anglii od zdania: „Panowie, Anglia jest wyspą!".

A ty, przypominając Micheleta, zacząłeś swoje Główne nurty marksizmu *zdaniem: „Karol Marks był filozofem niemieckim". Bo wiedziałeś, że to, iż był on niemieckim filozofem, może pomóc w zrozumieniu jego myśli. Ale wtedy, w połowie lat pięćdziesiątych, nie chodziło ci tylko o rozumienie marksizmu, ale o pytanie, w jakiej mierze jest on jeszcze, czy może być, siłą moralną, kształtującą życie ludzi. Wychowanie moralne, pisałeś w szkicu* Światopogląd i edukacja, *nie ma żadnych zadań odrębnych od kształcenia intelektualnego – „chodzi tylko o to, by to ostatnie miało dostateczny wigor praktyczny".*

Jak wiesz, bardzo nie lubię przypominać sobie własnych szkiców dawno temu pisanych. Ale tak, chyba o to mi szło wtedy właśnie, żeby światopogląd objawiał żywotność w życiu codziennym, wpływał na postępowanie ludzi.

W lipcu 1957 roku odbyło się w Warszawie międzynarodowe spotkanie filozoficzne z udziałem filozofów z dwudziestu krajów, w tym myślicieli chińskich i hinduskich. Tematem ogólnym obrad był związek między myśleniem i działaniem.

Bardzo mgliście rysuje mi się to w pamięci. O co tam chodziło?

Głównie o to, czy filozof przestaje być filozofem, jeśli zaangażuje się w ideologię lub w życie polityczne. Profesor Izydora Dąmb-

ska – wiem o tym z twojego sprawozdania, które zamieściły „Studia Filozoficzne" – twierdziła na przykład, że przestaje, ponieważ poznanie filozoficzne jest wartością autonomiczną, a nie narzędziem do zaspokajania innych potrzeb. Ale przytłaczająca większość uczestników obrad była odmiennego zdania, wyrażając przekonanie, iż filozof pojęty jako „czysta" substancja intelektualna poszukująca prawdy i wolna od społecznego zaangażowania jest postacią fikcyjną. Sam wypowiadałeś się w tym duchu podczas dyskusji nad referatem Raymonda Arona, który mówił, cytuję twoją relację, że „między nihilizmem płynącym z poczucia względności historycznej wartości a ślepą wiernością dla jednej sprawy czy jednej partii, filozof musi oscylować niejako, przezwyciężając ekstrema owego konfliktu i dzieląc ryzyko, lecz nie dzieląc złudzeń partii, którą obrał za swoją".

Ważne było, że tamte dyskusje pokazały, że marksizm przestał być jednolitą doktryną i że zarysowała się możliwość wielości różnych stanowisk niezgodnych, powołujących się na tradycję marksistowską. W praktyce okazało się, że sztywny podział na „marksistów" i „niemarksistów" traci sens w warunkach swobodnej dyskusji i może być utrzymany tylko z punktu widzenia dogmatycznej ortodoksji, a określenie „granic marksizmu" stało się równie niemożliwe, jak zbędne.

Druk twojej książki Światopogląd i życie codzienne *ukończony został w lutym 1957. Szkice, które się na nią składały, pisane były, jak podkreślałeś w przedmowie, „pomiędzy styczniem 1955 a czerwcem 1956, to znaczy w epoce na poły prehistorycznej". Krytykę urzędowego marksizmu przeprowadzałeś w nich „ze stanowiska reformistycznego, to znaczy z nadzieją na możliwość reformy czegoś, co do czego nie wiadomo, czy w ogóle może być zreformowane". Pisząc przedmowę, już chyba wiedziałeś, że nie może.*

Rzeczywiście, w pięćdziesiątym siódmym roku już nie miałem takiej nadziei.

De facto nie byłeś więc już wtedy reformistą czy, jak mówiono, rewizjonistą. W twoich pismach z tamtego okresu ten termin w ogóle się nie pojawia.

Oczywiście, że się nie pojawia, bo się nim nie posługiwałem. Termin „rewizjonizm" czy „rewizjonista" używany był od drugiej połowy lat pięćdziesiątych przez władze partyjne oraz oficjalnych ideologów państw komunistycznych jako obelżywe przezwisko w celu napiętnowania ludzi, którzy w ramach partii albo w ramach marksizmu podważali różne dogmaty ideologiczne. Sens, w jakim Gomułka i różni aparatczycy używali tego słowa, był mętny, żadna określona treść nie była też zawarta w pojęciu „dogmatyzm", które było z kolei przezwiskiem partyjnych konserwatystów, opierających się reformom.

Ale rewizjonizm wytykali ci uporczywie nie tylko partyjni aparatczycy. Do dzisiaj w dziesiątkach prac historycznych można przeczytać, że byłeś rewizjonistą co najmniej do roku 1966, niektórzy zaś twierdzą, że wręcz do chwili wyjazdu z Polski w sześćdziesiątym ósmym.

Jest to nonsens, bo rewizjonista musiał zakładać, że istnieje w ideologii komunistycznej jakiś rdzeń nienaruszalny, który ostanie się, choćby nawet ideologia ta poddawana była najostrzejszej krytyce. Ja już w taki rdzeń nie wierzyłem, chociaż, jak wspomniałem, mam świadomość dwuznaczności mojej pisaniny z drugiej połowy lat pięćdziesiątych i sądzę, że daje ona wyobrażenie o „duchu rewizjonizmu" z tamtych czasów. Taki tekst jak *Śmierć bogów* na pewno jednak nie był tekstem rewizjonistycznym.

Był ni mniej, ni więcej jak tylko sprawozdaniem z pogrzebu ideologii komunistycznej, ale, jak pisałeś, pogrzebu niezwyczajnego – koszmarnej groteski, pogrzebu, podczas którego trup, nie zdając sobie sprawy z własnej śmierci, „wykrzykuje ochoczo różne hasła w przekonaniu, że stoi na czele radosnej manifestacji i rozdziela tęgie ciosy między uczestników pochodu, wstrząsanych makabrycznym śmiechem". Opisywałeś tę ideologię w jej „życiu po życiu". Stąd tak częste w twoich tekstach metafory funeralne.

Marksizm w leninowsko-stalinowskiej formie okazał się doktryną, której materia w konfrontacji ze światem zewnętrznym rozpadała się jak zmumifikowane zwłoki wystawione nagle na świeże powietrze. Ale także marksizm Marksa zanikał, rozpływał się w wielości idei i stawało się jasne, że nie może dostarczyć odpowiedzi na nowe zasadnicze kwestie, które wyłaniały z czasem filozofia i nauki społeczne.

Ideologia, która dla ciebie i dla twoich przyjaciół była w czasach młodości racją istnienia, umarła, wyprawiłeś jej moralny pogrzeb. Ale sam przecież pozostałeś wśród żywych. I pytanie o sens życia musiało narzucać ci się od nowa. To pytanie, pisałeś,

„bardziej niż jakiekolwiek inne szuka odpowiedzi w każdym fakcie bieżącej historii ludzkiej i z tej racji nieuchronnie od nowa, z każdą chwilą dziejową od nowa i każdej epoce od nowa, stawia swój natarczywy pytajnik – utajony nerw filozofii". Miałeś trzydzieści lat...

O sens życia pyta ten, kto odczuwa potrzebę jego zmiany.

Cytowałem twój esej Światopogląd i życie codzienne. *Esej charakterystyczny dla czasu przełomu. Esej napisany przez człowieka, który chce od nowa pogodzić się z rzeczywistością, to znaczy pragnie „przywrócić zakłóconą harmonię między świadomością moralną i losem zewnętrznym, między ogółem wartości uznanych i przebiegiem własnego społecznego życia, między sumieniem i aktywnością społeczną". Pytanie o sens życia, a więc o jego cel, rodziło natychmiast pytanie następne: czy można obiektywnie ustalić, jaki cel życia jest najbardziej godny wyboru?*

Chroniczna dyskusja filozofów o obiektywności wartości moralnych przynosiła przez wieki wyniki chronicznie niepewne. Nie ma kryteriów wyboru o niezawodnej sprawności.

Toteż abstrahując od owej nierozstrzygniętej i może nierozstrzygalnej dyskusji, która miałaby wykazać, jaki i czy jakiś w ogóle cel życia jest obiektywnie lepszy niż inny, w swym eseju pytałeś jedynie, czy można określić warunki obiektywne, w których „na mocy nieznanych nam bliżej prawidłowości psychologii ludzkiej, istnieje największa szansa stworzenia poczucia – maksymalnie intensywnego – sensu życia dla jednostki". I dawałeś na to pytanie odpowiedź.

Mówisz o moim tekście sprzed pół wieku. Chyba nie sądzisz, że mam w żywej pamięci wszystko, co pisałem pięćdziesiąt lat temu?

Pozwól w takim razie, że ci przypomnę. Pisałeś, iż poczucie sensu życia jest tym większe, im mniej sytuacji uważamy za nieuchronne, a zarazem im bardziej stanowczo afirmujemy nieuchronności niewątpliwe. Warunkiem osiągania poczucia życia sensownego jest więc dążenie do maksymalnej redukcji tego, co uważamy za nieodwracalnie konieczne. Trzeba mieć przekonanie, że wiele, bardzo wiele można wybierać.

Łatwiej to zalecać, niż praktykować, oczywiście. Zwłaszcza praktykować na starość, kiedy możliwości wyboru stają się coraz bardziej ograniczone.

Leszku, ale ty wciąż czujesz się młodo, mam takie wrażenie.

Nie, tak bym nie powiedział. Ale powiedziałbym, iż nie czuję, że mieszkam w starości.

No bo nie mieszkasz.

Nie mieszkam w starości, ale to dlatego zapewne, że nigdy nie miałem poczucia, iż mieszkam w młodości. Nigdy mnie nie dotknęło takie poczucie, że jestem młody i wobec tego świat stoi przede mną otworem, i wszystko mogę zrobić, że Mickiewiczowska *Oda do młodości* była do mnie skierowana albo dla mnie napisana. Nie, to był po prostu wyraz stanu duchowego poety. Nie miałem poczucia, że jestem młody, wobec czego nie mam również poczucia, że jestem stary.

Chociaż, oczywiście, cierpię na różne dolegliwości wieku: ledwo widzę, ledwo słyszę, ledwo się poruszam.

Tym bardziej jest ważne, że nie czujesz się staro. Wtedy, w połowie lat pięćdziesiątych, kiedy mieszkałeś w domu, w którym mieszkasz, i dzisiaj, w domu, który nie jest ani młodością, ani starością, pisałeś: „Przesadny optymizm co do możliwości wpływania na swój los grozi zawsze dotkliwszą klęską w wypadku zawodu, dobrowolne rezygnacje grożą zaprzepaszczeniem sposobności realnych; między awanturnictwem beztroskim i naiwnym, zagrożonym rychłą porażką, a eskapizmem zatrwożonym i niepewnym trudne jest wyznaczenie linii racjonalnej odwagi niezrezygnowanej". W mocno zaczytanym egzemplarzu twojej książki Światopogląd i życie codzienne, *który udało mi się kupić w antykwariacie, to właśnie zdanie poprzedni właściciel podkreślił zielonym atramentem. Kim był ten człowiek? Może kimś, dla kogo „wyznaczenie linii racjonalnej odwagi niezrezygnowanej" we własnym życiu okazało się zbyt trudne?*

Życia nie uczyni się sensownym za pomocą morałów i bez źródeł jakiejś inspiracji spontanicznej utajonej wewnątrz ludzkiej postawy.

Pisałeś – ciągle jeszcze pozostaję przy Światopoglądzie i życiu codziennym *– że poczucie sensu życia tym bardziej jest intensywne, im bardziej orientacja życiowa jest nastawiona na zmienność, im więcej podstaw do oczekiwania tego, co nieoczekiwane. Życie bogate i twórcze jest życiem przeżywanym jako stale tymczasowe, stale wystawione na krytykę ze strony nowych wartości, stale dostępne negacji. Czytając te zdania, myślałem o starych komunistach, którzy, w przeciwieństwie do ciebie i twoich przyjaciół, nie*

potrafili swojego światopoglądu poddać krytyce, nie mówiąc już
o jego negacji. Dlaczego od ideologii komunistycznej tak trudno
było wielu ludziom odejść? Dlaczego wyrzucani z partii mówili,
że się czują, jakby im ktoś nogę uciął albo oko wyłupił?

Bo ideologia komunistyczna zakorzeniała się w duszy na
sposób *quasi*-religijny, zrastała z osobowością. Oczywiście, mówię o komunistach prawdziwych, a nie po prostu
o członkach partii. Mówię o tym, co Orwell gdzieś nazywa
partią wewnętrzną, do której my, komuniści ideowi, należeliśmy nieformalnie, rzecz jasna. Prawdziwi komuniści uważali się właściwie za narzędzie tej ideologii i tej partii, dzięki czemu – nieraz się to zdarzało – ginęli na Gestapo czy
gdzie indziej, odmawiając zeznań, chociaż ich torturowano
na śmierć. Co więcej, odmawiali popełnienia samobójstwa.
To był przypadek Duracza choćby, znanego adwokata, który
bronił komunistów na procesach...

Teodora Franciszka?

Tak, starego Duracza, który w czasie okupacji hitlerowskiej
pracował nad utworzeniem ośrodka inteligencji lewicowej.
Kiedy aresztowało go Gestapo, była możliwość dostarczenia mu trucizny, ale on odmówił, chociaż był torturowany
straszliwie i w końcu zabili go podczas przesłuchania. Myślę, że taki komunista prawdziwy, stuprocentowy, nie czuł
się w prawie dysponować własnym życiem. W partii komunistycznej samobójstwo było zabronione, nieformalnie
oczywiście, ale było zabronione. Właśnie dlatego, że członek partii miał być organem partii, a nie osobą niezależną.
Dziwne to...

Dla mnie wręcz niewyobrażalne.

Rozumiem, ale to było rozpowszechnione w całym ruchu komunistycznym, włączając Lenina. Lenin też miał poczucie, że jest organem partii, a nie osobą. Mówił jako partia, a nie jako osoba. Widać to zresztą w jego pismach, inne są te pisane dla robotników, inne te dla inteligencji, inne te dla partii. Poczucie, że jest się organem partii, mieli też, jak przypuszczam, ci starzy komuniści, którzy przeszli przez więzienia i łagry sowieckie i przeżyli. Oczywiście, oni uważali, że w ich wypadku popełniono pomyłkę, to jasne, ale zarazem cały system i cała ideologia pozostawały w ich świadomości nietknięte. Cóż, mówili sobie, pomyłki się zdarzają... Bardzo to jest dziwne. Bez precedensu. Nie ma chyba innego przykładu.

Twój tekst, który tak lubię cytować, Światopogląd i życie codzienne, *wydaje mi się bardzo optymistyczny.*

Optymistyczny? Dlaczego?

Bo jest pochwałą zmienności, pochwałą oczekiwania tego, co nieoczekiwane. Całkowita przewidywalność przyszłości wydawała ci się rodzajem śmierci. Tak, ten tekst dawał nadzieję, że przyszłość jest ciągle otwarta, bogata w możliwości. To przynosiło pocieszenie. Ciekawe, bo napisałeś kiedyś, że w filozofii nie lubisz tego, co można by nazwać myślą pocieszycielską, a więc takim filozofowaniem, które powstaje z intencją pomocy duchowej.

Od tego jest religia.

No tak, ale rozmaitych ludzi rozmaite rzeczy pocieszają.

To prawda.

Korci mnie, żeby zapytać, czy w twoim myśleniu filozoficznym jest coś, co przynosi pocieszenie tobie.

Nie. Nie ma czegoś takiego. Ponieważ ja nie myślę, że świat jest wesoły albo będzie coraz weselszy. Nie wiem też, czym ja mógłbym się przyczynić do tego, żeby świat był wesoły. Nie jest, i już. A pocieszenie prawdziwe może dawać tylko perspektywa religijna.

A czy pocieszeniem nie jest to, że z pomocą filozofii można nie doznawać fałszywych, łatwych pociech?

Wydaje mi się, że nie. Oczywiście, filozofowie czasami próbowali dawać pociechę. Na przykład stoicy. Kiedy jest się szczęśliwym? Stoicy twierdzili, że można być szczęśliwym zawsze. Jeśli przejąć ich myślenie, okazuje się, że mogą cię torturować na śmierć, a ty będziesz szczęśliwy. Cenię sobie myśl stoicką, to jest ważna część kultury europejskiej, ale jednak trudno, żebym w to uwierzył. Niektóre doktryny filozoficzne są w tym sensie dobre, że dają nam w gruncie rzeczy racjonalną wersję tego, o czym religia mówi. Oznajmiają nam, tak jak Leibniz, że świat jest dobry i że świat zawsze kierowany przez dobre siły idzie ku dobrym rozwiązaniom. I że ta zasada ogólna nie jest obalona przez to, iż są cierpienia i okropności na świecie, o czym Leibniz przecież dobrze wiedział. Ja tu jestem po stronie Leibniza, a przeciwko Wolterowi, który się wyśmiewał z takiej filozofii.

XIV

*Na samym początku pięćdziesiątego ósmego roku, chcąc studio-
wać siedemnastowiecznych mistyków holenderskich, pojechałeś
do Amsterdamu.*

Co nie było wcale proste, ale się udało. Tamara wyjechała
nieco wcześniej do Londynu na stypendium i tam się spotkaliśmy. Po raz pierwszy byłem w Londynie.

Pojechałeś na cały rok 1958?

Tak, pół roku spędziłem w Holandii, drugie pół w Paryżu.
No i tamten pobyt w Londynie, który w ogóle mógł nie
dojść do skutku, bo nie chcieli mi dać wizy do Anglii.

Dlaczego?

Nie wiem, przecież oni się nie tłumaczyli. W końcu jednak
dostałem tę wizę, bo załatwił ją Auberon Herbert.

Kto to taki?

Bardzo dziwna figura. Anglik, którego z jakichś powodów nie przyjęto do armii brytyjskiej, więc wstąpił do polskiego wojska i całkiem nieźle nauczył się polskiego języka. To był człowiek ze środowiska arystokracji brytyjskiej, z kół rządowych. Dowiedział się o mojej sprawie i napisał do Tamary depeszę, najdłuższą depeszę świata, jak ją nazwaliśmy: „Słyszałem, że pani mąż ma trudności z dostaniem wizy do Anglii. Tak się składa, że mój kuzyn jest wiceministrem spraw zagranicznych. Czy może Pani przyjść do mnie dnia…, na kolację, żeby to omówić…" i tak dalej, i tak dalej, nigdy nie przypuszczaliśmy, że taką epistołę napisać można w formie telegramu. No i Auberon Herbert załatwił wizę. Konsul, do którego potem poszedłem, nie posiadał się ze zdumienia.

Spotkałeś się ze swoim dobroczyńcą?

A jakże, kiedy przyjechałem do Londynu, Herbert urządził przyjęcie. Był na nim ktoś z Ministerstwa Spraw Zagranicznych, był zastępca redaktora naczelnego „Timesa", ogólnie ludzie ze środowiska katolickiego, on sam był katolikiem. Podczas tego przyjęcia musieliśmy z największym wysiłkiem zachowywać powagę, a po wyjściu usiedliśmy na schodach i dosłownie tarzaliśmy się ze śmiechu.

Dlaczego?

Ci Anglicy zadawali nam rozmaite pytania. Pytali na przykład, czy w Polsce można pić kawę, czy to jest dozwolone.

Żartowali z was?

Nic podobnego, pytali całkiem serio. I dziwiło ich, że jednak w Polsce ludzie kawę piją. To, że paliliśmy papierosy, że znamy ten zwyczaj, też budziło ich zdumienie. Sądzili, że Polska jest krajem dzikusów, że to zupełna barbaria. Poglądy, które z powagą przedstawiali, wydawały mi się groteskowe. Opowieści Auberona Herberta, którymi nas raczył, też nie były całkiem wiarygodne. Opowiadał na przykład, że w czasie wojny spotkał w niemieckiej armii ludzi, którzy mówili po prusku. Każdy filolog dałby góry złota, żeby spotkać kogoś takiego, bo przecież pruski to nieznany język. Herbert był bogaty, mieszkał na South Kensington i miał rolls-royce'a. Ktoś zapytał go, co będzie, jeśli za dziesięć czy dwadzieścia lat wyda wszystkie pieniądze. Mam nadzieję, odpowiedział, że do tego czasu przyjdą tu Rosjanie, a jeśli nie przyjdą, to będzie strasznie, bo zostanę bankrutem.

Czy spotykałeś wtedy „londyńskich niezłomnych", emigrantów, którzy wobec powojennej Polski powtarzali gest Rejtana?

Okazjonalnie, ale nie bardzo. Byliśmy kilka razy w Ognisku, gdzie się stara emigracja spotykała. Poznałem wielu różnych ludzi ciekawych, na przykład, z młodszego pokolenia, Jurka i Donię Sito, z którymi się do dzisiaj przyjaźnimy. On był w Anglii od dziecka, bo jego rodzice wyjechali z Rosji z armią Andersa. Poznałem też Juliusza Mieroszewskiego, głównego publicystę paryskiej „Kultury", jedynego chyba tak bliskiego współpracownika Giedroycia, który nigdy nie był w Maisons-Laffitte. Nie był, bo jedyne podróże, jakie uznawał, to były spacery z psem na róg ulicy, gdzie mieszkał. Różni inni ludzie mieli z kolei pretensje, że o kontakt z nimi nie zabiegałem. Mój przyjaciel z Paryża, Karol Kewes, pokazywał mi list, który dostał od Izaaka Deutschera, wiesz kto to?

Autor wielotomowych monografii Stalina i Trockiego, polemizowałeś z nim w Głównych nurtach marksizmu.

Deutscher napisał do Karola mniej więcej tak: „Pański przyjaciel, Kołakowski, nie uważał za stosowne skomunikować się ze mną, jak był w Londynie. Oczywiście, on sobie dyskutuje z ludźmi z bierutowskiego środowiska, ale ze mną podyskutować się bał". Słyszałem, że on mieszka gdzieś pod Londynem, ale nawet mi do głowy nie przyszło, żeby go szukać.

Gombrowicz, pisząc o Zniewolonym umyśle Miłosza, zauważył, że w tej książce idzie nie tylko o to, aby w imię kultury zachodniej potępić Wschód, lecz także o to, aby Zachodowi narzucić własne, odrębne przeżycie, stamtąd wyniesione, i swoją nową wiedzę o świecie. Czy sądzisz, że twoje, wasze, doświadczenia, doświadczenia byłych komunistów, którzy zrozumieli, w jak straszną ideologię za młodu uwierzyli, dawały wam osobliwą wyższość nad intelektualistami zachodnimi? Jeszcze jeden cytat z Gombrowicza mówiący o twórcach ze Wschodu: „Albowiem jest pewne, że w swoim upadku górują oni w jakiś specjalny sposób nad Zachodem i Miłosz niejednokrotnie podkreśla swoistą siłę i mądrość, jaką zdolna jest zapewnić szkoła fałszu, terroru konsekwentnej deformacji".

Nigdy tego w ten sposób nie odczuwałem, ale skoro zadajesz pytanie tak postawione, tobym powiedział, że miewałem poczucie, iż ci ludzie na Zachodzie, mimo że mają dostęp do wszystkich źródeł, nie bardzo wiedzą, czym jest komunizm, a ich spekulacje na ten temat nie są wolne od naiwności. Losy Sartre'a może nie są tu typowe, ale nie są też wyjątkowe, bo on w jakiś sposób utożsamiał się z komunizmem, chociaż jak doszło do inwazji sowieckiej na Węgrzech, napisał bardzo ostry protest. Ale potem znowu wrócił do ugody z komunistami.

Znałeś Sartre'a osobiście?

Poznałem go właśnie w pięćdziesiątym ósmym roku, w Paryżu podczas kolacji w ambasadzie polskiej. Ambasadorem był wtedy mój przyjaciel Staś Gajewski, który zaprosił nas i Sartre'a razem z Simone de Beauvoir, oczywiście. Potem widzieliśmy się i rozmawiali dwa razy w Warszawie. Raz przyjechał tam prosto z Moskwy, gdzie udzielił wywiadu, który był natychmiast przedrukowany w Polsce. Ja mu ten wywiad wypominałem, bo on porównywał tam sytuację literata w Związku Radzieckim i na Zachodzie, no i, oczywiście, porównanie wychodziło korzystnie dla Związku, tam to dopiero pisarze są doceniani, ogromne nakłady mają, kontakty z publicznością i tak dalej. Wypominałem mu to wszystko, a Sartre się wykręcał.

Czy przed rokiem 1968 myślałeś kiedykolwiek o tym, żeby zostać na Zachodzie?

Absolutnie nie.

Nawet jak pani Tamara także była na Zachodzie?

Nie, nigdy nie mieliśmy takiego zamiaru. Nawet w 1968 roku nie zamierzałem przecież emigrować z kraju. Wyjeżdżałem z polskim paszportem na rok, najwyżej na dwa lata.

A czy wtedy, w roku 1958, ktoś na Zachodzie namawiał cię do pozostania na stałe?

Chyba nie. Nie przypominam sobie.

Pytam o to w związku z fragmentem autobiografii Jerzego Giedroycia, który opowiada, że chciał cię do tego przekonać. Oto ten fragment: „Rozmowy z Leszkiem Kołakowskim były bardzo interesujące. Jeździłem nawet do niego do Amsterdamu, nim przyjechał do Paryża. Miałem wtedy pomysł, wariacki, jak dziś widzę, żeby on został na Zachodzie i zaczął organizować nową Międzynarodówkę. Najzabawniejsze jest, że on na to właściwie szedł. Zarysowała się nawet możliwość wydawania przezeń pisma. Obiecywano załatwienie mu katedry w Paryżu. Między innymi trzeba było dostać dla jego żony jakieś stypendium, żeby mogła przyjechać na Zachód. Tak że rzeczy były już dość daleko posunięte. Wszystko to zostało zburzone przez Schaffa, który wygłosił do Kołakowskiego dramatyczne przemówienie, że po śmierci Krońskiego filozofia polska jest zagrożona i że on powinien wrócić do kraju, przy czym dał mu słowo, że będzie mógł wyjechać, ilekroć będzie chciał. Mam wrażenie, że Kołakowski przyjął to z pewną ulgą. Znalazł wyjście z mojej kombinacji".

Możliwe, że Giedroyc miał taki pomysł.

I przyjechał z nim do ciebie do Amsterdamu?

Tak. Przyjechał i wysunął sugestię, żebym zorganizował nową Międzynarodówkę, ale od początku wydawało mi się to ideą szaleńczą. Poza wszystkim nie nadawałem się kompletnie do takich rzeczy, nie umiałbym tego zrobić. Jestem pewien, że się nie zgodziłem.

A więc to, co Giedroyc mówi po latach: „on na to właściwie szedł", jest nieprawdą?

Zupełną nieprawdą. Nie rozmawiałem też na ten temat z Schaffem. W ogóle z nim wtedy nie rozmawiałem. Jest rzeczą niemożliwą, aby Schaff obiecywał mi, że jak wrócę do kraju, będę wyjeżdżał, kiedy zechcę. Gdyby mi nawet coś takiego obiecał, nie mógłbym tego wziąć na serio. Wróciłem przecież i nigdzie mnie już za granicę nie puszczano. Z jednym wyjątkiem – byłem w Paryżu na konferencji o herezjach. Czasami też wyjeżdżaliśmy z Tamarą do Jugosławii na wakacje. Ale do tego nie trzeba było paszportu.

Czy na wyjazd do Amsterdamu i Paryża w 1958 roku dostałeś stypendium?

Przyznano mi stypendium Forda. Ale władze polskie poprosiły mnie łaskawie, żebym z niego zrezygnował, a wtedy dadzą mi stypendium własne, rządowe, oczywiście o wiele niższe. Nie miałem wyboru. Wszystko jedno zresztą, nie była to dla mnie ważna sprawa, dostałem stypendium rządowe i pojechałem.

Pojechałeś studiować siedemnastowiecznych mistyków holenderskich. Twoja książka na ten temat, Świadomość religijna i więź kościelna, *świadczy, że to była benedyktyńska praca.*

Rzeczywiście, pracowałem całymi dniami w bibliotekach. Jedna z nich, w której siedziałem zawsze przed południem, mieściła się na Singer, obok znanego kanału w Amsterdamie, to była biblioteka gminy menonitów. Menonici mieli wspaniałe zbiory z szesnastego i siedemnastego wieku. Po południu przenosiłem się do biblioteki uniwersyteckiej. W sumie spędzałem czas tak pracowicie jak nigdy.

W przypisach do książki cytujesz mnóstwo źródłowych tekstów holenderskich. Kiedy poznałeś język?

Trochę się nauczyłem przed wyjazdem. Czytałem bez żadnego trudu, zupełnie płynnie, zarówno staroholenderski, jak współczesny, gazetowy. Natomiast nie nauczyłem się nigdy mówić, nie mógłbym rozmawiać swobodnie. Raz jednak pokłóciłem się po holendersku z szewcem. To był chyba mój największy wyczyn lingwistyczny, jeżeli pominąć rozmowę po portugalsku z mechanikiem samochodowym, do którego zadzwoniłem któregoś dnia, kiedy nam się w Portugalii zepsuło auto.

Co cię skłoniło do studiowania siedemnastowiecznych mistyków?

Zainteresowałem się nimi trochę z okazji studiów nad Spinozą. I to mnie pchnęło w holenderskie siedemnaste stulecie. Wspaniały czas! A potem to się rozszerzyło, bo studiowałem też Francuzów i Niemców. Najważniejszy rozdział w tej książce jest o Angelusie Silesiusie. W jego dziele *Wędrowiec cherubiński* jest jądro mistyki katolickiej siedemnastego wieku. Angelus Silesius, Anioł Ślązak, jak go Mickiewicz nazywał w swoich przekładach. Bardzo ciekawa figura. Jego ojciec był Niemcem urodzonym w Krakowie i przez Zygmunta III uszlachconym. Czytałem potem inne jego rzeczy oprócz tej głównej, *Wędrowca*…, ale one już nie miały wielkiego znaczenia.

Mistycyzm był szczególną postacią religijności bezwyznaniowej, takiej, którą cechuje opór wobec zorganizowanych i instytucjonalnie kontrolowanych form wiary. Konflikt mistyka, religijnego subiektywisty, z Kościołem wielu czytelnikom twojej książki przypominał konflikt szerszy, mianowicie konflikt człowieka indywidualnego z urzędem czy z organizacją taką jak partia. Czy ten wymiar zagadnienia miałeś od początku na względzie?

O ile pamiętam, nie miało to dla mnie większego znaczenia. Nie szukałem takich analogii. Nie usiłowałem w sposób zakamuflowany mówić o partii czy komunizmie. Nie było to moim celem. Jeżeli coś takiego wychodziło, to raczej przypadkiem.

Jeśli pozwolisz, o samej książce i o jej recepcji pomówimy później. W Polsce pracowałeś nad tym dziełem jeszcze kilka lat.

Około siedmiu. Ale mam poczucie, że być może powinienem był pracować dwadzieścia.

W Holandii odwiedziłeś podobno dom Spinozy?

Pamiętam, że pojechałem tam na rowerze, pożyczonym oczywiście, to było dość daleko od Amsterdamu. Stary mały domek w Rijnsburgu, jakieś pamiątki po Spinozie, książek tam chyba nie było. Staruszka, której Towarzystwo Spinozjańskie powierzyło opiekę nad tym domem, ukrywała tam podczas okupacji hitlerowskiej dwie Holenderki, Żydówki, dzięki czemu się uratowały.

Czy w Amsterdamie była wtedy jakaś Polonia?

Raczej nie. Poznałem tylko jednego człowieka, który pochodził z Polski, ale on tam przyjechał z siedemdziesiąt lat wcześniej. To był chłop, mówił jeszcze po polsku, prymitywnym chłopskim dialektem. Ale z początku rozmawiałem z nim po niemiecku i wtedy można było odnieść wrażenie, że jest inteligentem. W Amsterdamie zdarzały mi się różne przypadkowe spotkania, ale nie miałem czasu na intensywne towarzyskie kontakty. Mieszkałem u matki młodego historyka, który okazał się działaczem trockistowskim i przez niego poznałem paru innych trockistów, z Belgii i z Francji. Trockiści jeszcze w Polsce usiłowali mnie zwerbować.

Jak do tego doszło?

Kiedyś przyjechał do Warszawy Francuz, trockista, działacz Międzynarodówki, zgłosił się do mnie i długo rozmawialiśmy. Zaprosił mnie nawet na podziemny, tajny kongres Czwartej Międzynarodówki, ale nie chciałem pojechać, tam musiało być pełno sowieckich agentów. Powiedziałem sobie, że, owszem, jestem gotów pójść do więzienia, ale przecież nie za trockizm. Wszyscy znajomi popękaliby ze śmiechu! No, ale rozmawiałem z tym Francuzem długo, nazywał się

Grinblat. A potem w Holandii poznałem generalnego sekretarza i parę innych głównych figur w Czwartej Międzynarodówce, albo raczej w jednej z czwartych Międzynarodówek, bo przecież one się mnożyły. Ruch trockistowski był z jednej strony niebywale dogmatyczny, a z drugiej – permanentnie rozbity. Wielu ludzi pochodzenia żydowskiego brało w nim udział, dogmatyzm żydowskiej religii może miał tu coś do rzeczy.

A znałeś trockistów w Polsce?

W Polsce trockistą był Ludwik Hass. On przyjechał z łagrów w latach pięćdziesiątych. Zachowywał się jak kapuś ubecki, okropna figura. Pamiętam, że zeznawał w procesie Kuronia i Modzelewskiego. Robił wszystko, żeby to był proces trockistowski, po prostu sypał Jacka i Karola. Wiem też, że pisywał donosy na różnych znajomych, których nienawidził, na Janka Strzeleckiego, a także na mnie. Twierdził między innymi, że przechwytywałem kontakty z Czwartą Międzynarodówką, aby do niej nie dopuścić prawdziwych trockistów. Nie miało to dla mnie specjalnych konsekwencji, ale Hass był gotów każdego w absurdalny sposób zadenuncjować, jeśli w jego przekonaniu mogło to przynieść pożytek Czwartej Międzynarodówce. Napisał później książkę o masonerii; dla trockistów typowa była fascynacja tajnymi organizacjami, oni sami przecież tworzyli tajną organizację. No i właśnie oni mieli przez czas jakiś rachuby, że do nich przystąpię. Na co nigdy nie miałem najmniejszej ochoty. Wtedy zresztą jeszcze nie wiedziałem dużo o Trockim i trockistach, ale instynktownie mnie od nich odrzucało, nie czułem z tym ruchem żadnego pokrewieństwa.

Później, kiedy zapoznałem się bliżej z pismami trockistów, wrażenie było jeszcze gorsze.

Wróciłeś do Polski na progu 1959 roku.

Jechałem przez Niemcy samochodem, ze znajomym. Po drodze byliśmy w Monachium.

Pracowałeś wtedy na Uniwersytecie Warszawskim.

Tak, dostałem tylko roczny urlop na wyjazd.

Pracowałeś także jako naczelny redaktor miesięcznika „Studia Filozoficzne".

Ale w 1959 roku przestałem nim być. Zażądali tego towarzysze radzieccy. Tak powiedział mi Adam Schaff: „Towarzysze radzieccy żądają, aby Was usunąć z tego stanowiska".

Co wtedy zrobiłeś?

Przyjąłem to do wiadomości. Nie zamierzałem wszczynać żadnej awantury. Wymogłem tylko, żeby moim następcą w piśmie nie był Jan Legowicz, którego Schaff zaproponował. Pamiętam zebranie redakcji i dyskusję na temat tego, kto ma przyjść na moje miejsce. Powiedziałem wówczas, że jeśli chodzi o kandydaturę Jana Legowicza, byłoby nieludzkie dodawać do jego bardzo licznych obowiązków jeszcze jeden. I wymieniłem wszystkie te jego obowiązki i tytuły. Naczelnym redaktorem została Helena Eilstein.

Dałeś wiarę temu, co Schaff mówił o towarzyszach radzieckich?

Nie miałem sposobu, żeby to zweryfikować. Zresztą nie interesowało mnie to specjalnie. Schaff był zażenowany, przekazując mi wiadomość. Chciałem, żeby pismo istniało nadal i żeby nie dostało się w niewłaściwe ręce. Zapomniałem powiedzieć, że w 1957 roku byłem z Schaffem w Moskwie razem z jeszcze paroma osobami. Ze starszego pokolenia byli Maria Ossowska i Ajdukiewicz, z młodszego – Bronek Baczko. Skład ustalał Schaff i, jak widać, nie była to ideologicznie poprawna reprezentacja.

W jakim celu pojechaliście?

Chodziło o to, żeby nawiązać zerwane kontakty z filozofią radziecką. Od roku 1950 niewiele się w niej zmieniło, może jakiś niewielki postęp dał się zauważyć. Wydano na przykład czterotomową encyklopedię filozofii i tam już było sporo haseł normalnych, informacyjnych, obok dawnych ideologicznych. Ale spotkania z rosyjskimi filozofami były bardzo nieprzyjemne, bo oni dawali nam do zrozumienia, że robimy ustępstwa na rzecz filozofii burżuazyjnej, nie bronimy marksizmu i tak dalej. Byli agresywni, co się nam udzielało, więc dochodziło do ostrych spięć.

Zdaje się, że potępiano cię też publicznie na łamach prasy.

Jeden z tych filozofów, Konstantinow, opublikował w „Prawdzie" artykuł o rewizjonizmie i trzech rewizjonistów wymienił z nazwiska. Pierwszym był Imre Nagy, już wtedy powieszony, drugim Milovan Djilas, z wyrokiem dziesięciu lat więzienia, a trzecim ja. Była to więc subtelna, delikatna aluzja w sowieckim stylu. Następnym razem pojechałem do Rosji po trzydziestu pięciu latach, już za Gorbaczowa. Pojechałem tam właściwie jako Amerykanin z delegacją organizacji amerykańskiej, która zajmowała się upowszechnianiem idei demokratycznych w niedemokratycznym świecie. I byłem zdumiony, że spotykam ludzi, którzy mówią, co myślą, bez cienia strachu. To był szok. Jak to? W Rosji ludzie przestali wierzyć w marksizm-leninizm? Są normalnymi ludźmi?

Wracając do przełomu lat pięćdziesiątych i sześćdziesiątych – ataki na ciebie następowały też w innych państwach bloku, na przykład w Bułgarii.

Byłem tam zupełnie przypadkowo. Któregoś dnia spotkałem Kazimierza Ajdukiewicza i on mówi: „Panie Leszku, proszą mnie, żebym pojechał do Sofii na jubileusz jakiegoś filozofa stamtąd, ja zupełnie nie wiem, kto to jest i o co chodzi, może pan pojechałby ze mną...". No i pojechaliśmy razem, Ajdukiewicz przerażony, bo to było środowisko całkowicie mu obce, ja już byłem przyzwyczajony do tego rodzaju ludzi i ich gadania głupiego.

Ajdukiewicz też znał troglodytów marksistowskich.

Ale widać się nic przyzwyczaił. Na tym jubileuszu byli towarzysze radzieccy, albańscy. Bułgarski filozof nazywał się Todor Pawłow i napisał bardzo grubą książkę o leninowskiej teorii odbicia.

A więc o największym chyba nonsensie, jaki Lenin wymyślił. Że wrażenia „odbijają" rzeczy w tym sensie, iż są do nich podobne.

Oczywiście. Wracając, postanowiliśmy zatrzymać się na dzień czy dwa w Wiedniu. I Ajdukiewicz powiedział: „Panie Leszku, jak wysiądziemy w Wiedniu z samolotu, to ucałujemy świętą ziemię europejską". Wieźliśmy ze sobą wielką pakę książek Todora Pawłowa, które nam ofiarowano. Jakoś nie wypadało ich zostawić w hotelu, więc je zabrałem, a potem natychmiast wyrzuciłem do śmieci.

Towarzysze bułgarscy atakowali cię w szczególności za esej Karol Marks i klasyczna definicja prawdy.

Tak, ale wszystko, co mieli do powiedzenia, było tak przewidywalne, tak sztampowe, że nie warto nawet o tym wspominać. Opowiem natomiast coś jeszcze o Ajdukiewiczu. Pewnego razu – musiało to być na krótko przed jego śmiercią w sześćdziesiątym trzecim roku – spotkaliśmy się przypadkiem w Zakopanem, usiedliśmy na ławce i on ni stąd, ni zowąd mówi mi tak: „Wie pan, panie Leszku, ja doszedłem do wniosku, że ten socrealizm w literaturze miał rację. Bo literatura jest od tego, żeby ludzi podtrzymywała na duchu, żeby ich uczyła, że trzeba być dzielnym i nie zrażać się przeciwnościami losu. Najlepsza książka, jaką znam – mówi dalej – to *Opowieść o prawdziwym człowieku* Borysa Polewoja. Takie książki trzeba pisać! A książek, które budzą zniechęcenie, desperację, nie powinno być w ogóle, trzeba je zakazać policyjnie!". Zapytałem go o Franza Kafkę. A on na to ze złością: „Franz Kafka? Zakazać!".

Może sobie żartował?

Nie! Mówił stuprocentowo na serio. To był jego pogląd na świat. Mówił jeszcze, pamiętam, że *Przygody dobrego wojaka Szwejka* to ohydny paszkwil na armię austriacką. A trzeba ci wiedzieć, że on sam, Kazimierz Ajdukiewicz, był oficerem artylerii podczas pierwszej wojny światowej w armii austriackiej. Bardzo tego człowieka ceniłem jako uczonego, intelektualistę. Niemniej na literaturę i sztukę miał poglądy, jakie miał.

XV

Na wiosnę pięćdziesiątego siódmego roku redakcja „Przeglądu
Kulturalnego" zorganizowała ankietę na temat: „Co będzie za
dziesięć lat?".

Pamiętam, ankieta wróżbitów…

*Zaproszony do wzięcia w niej udziału, napisałeś, że wróżbici
pesymiści, którzy przewidują przyszłość marną i smutną, powinni w ogóle zaniechać uprawiania swojego zawodu, bo przy-
czyniają się do przemian niekorzystnych.*

I w ten sposób wyjaśniłem powody, dla których nie zabiorę
głosu w zakresie przepowiedni politycznych na najbliższych
lat dziesięć.

*Co, niestety, nie odwróciło biegu wydarzeń; po dziesięciu latach,
w roku 1967, Polska wchodziła w jeden z najczarniejszych okre-
sów swojej historii najnowszej. Perspektywy nauki polskiej też
nie rysowały się optymistycznie, czego już ukrywać nie zamie-
rzałeś, pisząc, że postępu można się spodziewać tylko w trzech*

dziedzinach parafilozoficznych, jednak postęp ów nie ułatwi życia komukolwiek, albowiem – pozwól, że przypomnimy tamte twoje dawne wypowiedzi – logika…

Uczy powstrzymywania się od sądów nieuzasadnionych, a więc w swoim oddziaływaniu społecznym jest wrogiem nadziei.

Historia filozofii…

Opisuje, jak różni ludzie próbowali myśleć o świecie w ciągu paru tysięcy lat i jak się to na ogół nie udawało.

Etyka normatywna…

Ma skrupulatnie opisywać przepaść między światem i propozycjami jego ulepszeń, krzewi tedy zniechęcenie i rozpacz.

Co do socjologii przewidywałeś, że najciekawsze projekty w tej dziedzinie zostaną schowane do szuflad. I też miałeś rację. A na początku lat sześćdziesiątych w artykule pod tytułem Uniwersytet i zawód *stawiałeś pytanie o sens społeczny nauczania uniwersyteckiego, a tym samym o jego organizację, wyrażając sprzeciw wobec przekształcania uniwersytetów w szkoły zawodowe i usuwania z nich tego wszystkiego, co jest swobodną twórczością. Odniosłem wrażenie, że nie było to bez związku z antyinteligenckim nastawieniem ekipy Gomułki, z coraz częstszymi próbami wmawiania „klasie robotniczej", że ludzie z uniwersytetów są społecznie mało przydatni, że to darmozjady, pasożyty, trutnie.*

Tak dobitnie bym tego może nie powiedział. Oczywiście, uniwersytety były ośrodkami niechętnie widzianymi przez władze, ale zlikwidować ich się nie dało. Filozofia była wydziałem szczególnym, bo filozofię najtrudniej umieścić w strukturze zawodowej. Socjologowie mieli jednak coś do roboty, co było uznawane społecznie. Robili badania opinii publicznej na przykład, a filozofia to był typowy wydział bezproduktywny. Nie można go było dobrze uzasadnić w ramach ideologii rządzącej. W Rosji filozofia marksistowska była częścią ideologicznej indoktrynacji, u nas prawie nie było doktrynerów, którzy marksizm-leninizm wtłaczali do głów, robiło to kilka figur ośmieszonych, z którymi nikt się nie liczył.

Czy praca na uniwersytecie była zbiurokratyzowana? Czy odczuwałeś jakieś niedogodności z tym związane?

Szczerze mówiąc: nie. Myśmy się przed tym bronili dość skutecznie. Filozofię wykładano dla wielu innych wydziałów, wykładowców było dużo, więc z konieczności odbywały się od czasu do czasu zebrania, na których musieliśmy coś planować.

Mam w pamięci twój tekst pod tytułem Z obywatelem Urzędnikiem rozmowa ogłoszony pod pseudonimem Rdest Pinokio. Była to fikcyjna rozmowa z wysokim urzędnikiem Ministerstwa Szkół Wyższych, który przedstawiał zasady nowego systemu płac na uczelniach. Przewidywał on między innymi specjalne płace za czytanie książek. „Każdy pracownik uczelni ma tzw. księgę lektury. Tam wpisuje wszystkie czytane książki. Żeby uniknąć nadużyć, ustawa żąda, aby z wszystkich książek czytanych pracownik uczelni robił notatki w ilości jedna strona na dziesięć stron książki. Notatki te, poświadczone przez kierownika zakładu, odnosi się następnie co miesiąc do prorektora dydaktycznego, który je sprawdza i na tej zasadzie podpisuje odpowiednią liczbę stron, oczywiście, po przeliczeniu na strony znormalizowane (czterdzieści tysięcy znaków na arkusz) – do książki lekturowej".

To był tekst satyryczny.

Ale satyra nie bierze się znikąd. Zazwyczaj jest reakcją na prawdziwe zagrożenia. Twój tekst był wizją paranoicznej wręcz biurokratyzacji nauczania akademickiego jako konsekwencji nowej reformy na uczelniach.

Oczywiście, to była reakcja na biurokratyczne przepisy, które się pojawiały. Ale, prawdę mówiąc, nie odczuwałem ich zbyt silnie. To raczej w PAN-ie musieliśmy co roku składać żmudne sprawozdania z postępu naszych prac i trzeba było między innymi odpowiadać na pytanie, jakie te prace – powiedzmy, studia Zbigniewa Ogonowskiego nad teologią socynian w szesnastym wieku – mają znaczenie dla gospodarki polskiej. Wymyślaliśmy jakieś bzdurne odpowiedzi, ale tak naprawdę przecież nikt tego nie czytał, nikt się tym nie przejmował. Czysta fikcja biurokratyczna.

A jaki miałeś zakres zajęć dydaktycznych?

Sześć godzin wykładów i seminariów tygodniowo. Prócz tego, oczywiście, magisteria, doktoraty... W sumie nie był to olbrzymi ciężar. W porównaniu z obciążeniami dydaktycznymi, jakie miał Immanuel Kant, tyle, co nic. Liczba godzin, które Kant poświęcał na wykłady, to dopiero była groza.

Lubiłeś być nauczycielem akademickim?

Prawdę mówiąc: nie. To był rodzaj obowiązków, z których naturalnie starałem się wywiązywać. Ale nie było to moją pasją. Ja w ogóle nie uważam się za dobrego nauczyciela. Lubiłem czasami dyskusje na seminariach, kiedy miałem wrażenie, że studenci interesują się tematem.

Zawód nauczycielski – szlachetna akuszeria umysłowa...

No tak, sokratyczna sztuka majeutyczna. Nie mogę się pochwalić, że byłem w tym dobry. Po prostu starałem się mówić to, co uważałem za słuszne, i tak rzeczy przedstawiać, żeby to było jasne.

Sądzę, że sprawdzianem dla dobrego dydaktyka są nie tylko zajęcia bezpośrednio prowadzone ze studentami. Dobry dydaktyk powinien umieć napisać dobry podręcznik. A ty napisałeś ich kilka.

Kilka?

Pierwsze zdanie Głównych nurtów marksizmu brzmi: „Zamierzeniem moim było napisać podręcznik".

Tysiąc dwieście stron. Dość dużo jak na podręcznik.

No cóż, materiał był obszerny. Ale znacznie wcześniej ogłosiłeś Wykłady o filozofii średniowiecznej, bardzo inspirujący podręcznik, o którym mówiliśmy. Twoja Filozofia pozytywistyczna. *Od Hume'a do Koła Wiedeńskiego też jest rodzajem podręcznika i nawet dołożyłeś starań, żeby subiektywne uwagi i oceny autora zostały wyraźnie wyodrębnione, tak aby trudno je było pomylić z częścią informacyjną. A co do zajęć, które prowadziłeś... Na twoje wykłady przychodziły przecież tłumy. Miałeś fantastyczne audytorium.*

To prawda. Miałem dobre, duże audytorium. Być może związane to było z tym, że od czasu do czasu wywoływałem jakiś skandal. Od połowy lat pięćdziesiątych miałem reputację politycznego awanturnika. Atmosfera skandalu zawsze wokół mnie istniała.

W opiniach, które na początku twojej pracy dydaktycznej wystawiali ci twoi przełożeni, spotykałem zarzuty, że jesteś zbyt pobłażliwy dla studentów i za mało wymagający.

Być może tak było. Zawsze miałem poczucie, że jak ludzie studiują, powinni sami odpowiadać za to, co robią. Nie warto się wysilać, żeby ich zmuszać do pracy. Jak źle pracują, nic z tego nie wyjdzie, i już. Z wieloma studentami pozostawałem w dobrych stosunkach, z niektórymi byłem zaprzyjaźniony, ale nie mogę powiedzieć, że miałem swoich uczniów, bo nie stworzyłem przecież żadnej doktryny, którą mógłbym im wyłożyć.

Czy w czasie pracy na Uniwersytecie Warszawskim zetknąłeś się z jakimś cudownym dzieckiem?

Tego bym nie powiedział. Było wielu ludzi zdolnych, intelektualnie sprawnych, którzy bardzo szybko wchłaniali to, co trzeba. Zdarzali się i tacy, którzy byli w jakimś stopniu wariatami. Filozofia nieuchronnie przyciąga wariatów. Ale i oni są przecież potrzebni. I oni coś wnosili do naszego życia akademickiego. Staszek Cichowicz... Znałeś go?

Ciekawił mnie. Próbowałem czytać rozmaite jego teksty.

Przeważnie nie do czytania. Było w nich coś obłąkańczego. Cichowicz to był człowiek, który dużo wiedział. I miał pomysły, ale, niestety, strasznie w nim było zagmatwane wszystko. Kiedy umarł, przysłano mi jego książkę...

Pod tytułem Moje ucho a księżyc...

On wziął to wyrażenie ode mnie, z artykułu *Karol Marks i klasyczna definicja prawdy*. Tak, Cichowicz był trochę wariatem. Również kiedy spotykaliśmy się w jakimś większym gronie i on zaczynał mówić, było to dziwne i pokręcone. A był to jednocześnie interesujący umysł i to też się wyczuwało.

Jego przedmowa do Wyznania wiary filozofa *Leibniza wydała mi się bardzo interesująca. Najwyraźniej fascynował go problem ekspresji, znalezienia właściwej formy dla treści maksymalnie zgęszczonej.*

Tak, to musiało go męczyć. Pamiętam też innych studentów, częściowo rozproszonych dzisiaj po świecie. Był Andrzej Ściegienny, od wielu lat mieszkający w Strasburgu, gdzie nieskończenie długo robił doktorat, zostałem jednym z jego egzaminatorów. Był Jacek Syski, publicysta, nie wiem, co się z nim teraz dzieje. Był, ze starszych, przede wszystkim Krzysztof Pomian, człowiek ogromnie uczony, a też Tadeusz Mrówczyński, który porzucił akademickie zajęcia.

A pamiętasz Andrzeja Rapaczyńskiego ?

Tak. To był bardzo zdolny, inteligentny student, który chodził na moje seminaria. Widziałem go później wiele razy w Ameryce, bywał też w Oksfordzie, więc mieliśmy jakiś kontakt. Jego pierwsza żona jest prezesem Agory, prowadzi w Warszawie tę firmę. A druga, Amerykanka, ma na imię Katrin, oczywiście, no bo jak. Pamiętam też Bohdana Chwedeńczuka i Barbarę Stanosz, studentów, z którymi byłem zaprzyjaźniony. Oni jęli wydawać pismo antykościelne i antyreligijne pod tytułem „Bez dogmatu". Miałem w ręku dwa pierwsze numery i zauważyłem, że tytuł pisma nie całkiem przystaje do treści.

Mówisz, że nie miałeś uczniów. Ale z pewnością miałeś naśladowców, imitatorów czy epigonów. W literackim środowisku powiadało się nieraz o młodych pisarzach, że zaczynają pisać Gombrowiczem czy Białoszewskim. W latach sześćdziesiątych wielu adeptów filozofii próbowało pisać i mówić Kołakowskim. Było to na ogół naśladowanie języka, którym się posługiwałeś – stylu, charakterystycznej składni, szyku przestawnego, świadomie archaicznego słownictwa.

Tego nie wiem. Byli ludzie ze starszej generacji naukowców, którym zależało na tym, żeby mieć szkołę. Kotarbińskiemu zależało. Ingardenowi. I rzeczywiście te swoje szkoły mieli,

mieli uczniów w sensie doktrynalnym. Podczas gdy ja nie. I nikt chyba z moich kolegów tej samej generacji. A jeśli ktoś mój język naśladował, to była sprawa drugorzędna, mało ważna.

Po prostu – snobowano się na ciebie. A chcę przypomnieć, że jesteś autorem Pochwały snobizmu, *tekstu, w którym piszesz: „Snobizm jest najpotężniejszym narzędziem upowszechniania kultury we wszystkich jej składnikach", i jeszcze: „Wydziwiać nad snobizmem – to zabijać uporczywie najbardziej żywotne, z psychologicznego punktu widzenia, źródła postępu". Wydaje mi się, że Wydział Filozofii na Uniwersytecie Warszawskim stał się w latach sześćdziesiątych wydziałem bardzo snobistycznym (i to zarówno w dobrym, jak w złym sensie tego pojęcia), a młodzi ludzie, którzy chodzili na twoje seminaria, to już była ścisła elita, śmietanka studenckiego środowiska. Barbara Toruńczyk pisała po latach, że tworzyli ją najinteligentniejsi w Warszawie chłopcy i najładniejsze dziewczyny.*

Owszem, było takie środowisko. Czasami spotkania z grupą wybranych studentów organizowałem u siebie w domu i wspominam to bardzo miło.

Opisując krąg, który się wtedy wokół ciebie tworzył, krąg przyjaciół, słuchaczy, wielbicieli, używano nieraz pojęcia libertynizmu. Libertyn – ironiczny sceptyk, erudyta – miał być dla tego kręgu figurą reprezentatywną. W roku 1964 w Bibliotece Klasyków Filozofii ukazała się Logika Gassendiego *z twoją obszerną przedmową, w której opisywałeś libertyńskie środowisko filozofa. Niektórzy dopatrywali się wręcz w tym tekście twojego autoportretu.*

To nieporozumienie. *Gassendi – chrześcijanin, materialista, sceptyk* – taki miała, o ile sobie przypominam, tytuł tamta przedmowa. Ja, owszem, byłem sceptykiem, chociaż niekonsekwentnym, ale nie byłem przecież ani chrześcijaninem, ani materialistą. O poczuciu tożsamości nie ma tu więc mowy. Niektóre moje teksty z tamtego okresu łączy być może pewne pokrewieństwo z rodzajem myślenia właściwym dla francuskiego libertynizmu z siedemnastego wieku. Ten libertynizm był raczej postawą niż doktryną, wyrazem ironicznego sceptycyzmu i dystansu, czasami pełnego dwuznaczności. Jak już wspominałem, jako członkowie partii ja i moi przyjaciele od dawna nie braliśmy poważnie jej ideologii, było w nas dość dużo cynizmu. Ale o Gassendim jako człowieku Kościoła nie można powiedzieć, że nie brał chrześcijaństwa na serio, choć zapewne nie we wszystkie jego dogmaty wierzył.

Mówisz, że byłeś sceptykiem niekonsekwentnym, co znaczy, że w pewnych sytuacjach stawałeś się sceptyczny wobec własnego sceptycyzmu. W głośnym tekście Pochwała niekonsekwencji *pisałeś, że istnieje zakres zdarzeń życia ludzkiego, wobec których należy być konsekwentnym całkowicie. Takie zdarzenia nazwałeś sytuacjami elementarnymi. W sytuacjach elementarnych spotykamy świat dwuwartościowy. W sytuacjach elementarnych musimy mówić: tak, tak – nie, nie. W Polsce lat sześćdziesiątych ty i twoi przyjaciele coraz częściej mówiliście w taki sposób. To wzmagało czujność władz. W roku 1962 aresztowano twojego kolegę Henryka Hollanda, który wkrótce zginął rzekomo samobójczą śmiercią, wyskoczywszy z okna własnego mieszkania w czasie przeprowadzanej tam rewizji. Co sądziłeś o tej sprawie?*

Pretekstem do aresztowania Hollanda było podejrzenie, że przekazał korespondentowi „Le Monde" w Warszawie jakieś tajne informacje znane środowisku działaczy partyjnych. Była groźba, że będą go sądzić za szpiegostwo. Parę tygodni po jego śmierci rozmawiałem z Zenonem Kliszką – w innych zresztą sprawach – który mnie zapytał: „Wy chyba nie myślicie, że to nasi ludzie zabili Hollanda?". Odpowiedziałem: „Nie, ja tak nie sądzę, bo nie widzę powodu, dla którego mielibyście go zabijać". Potem jednak, zastanowiwszy się, doszedłem do wniosku, że był taki powód: mogło chodzić o próbę zastraszenia środowiska. Wersja samobójstwa, podawana przez władze, wydawała mi się wątpliwa, bo Holland był dla mnie ostatnim człowiekiem na świecie, o którym mógłbym pomyśleć, że się sam zabije.

A jednak z badań historyków ostatnio prowadzonych wynika, że to było samobójstwo. Książka, która o sprawie Hollanda powstała, opiera się na wiarygodnym materiale, między innymi nagraniach, które były przez bezpiekę sporządzane w trakcie rewizji.

Możliwe, że Holland się załamał. W końcu jeśli przesłuchuje się człowieka przez dwie doby, grożąc mu, że będzie skazany za szpiegostwo i dostanie czapę, to ten człowiek może wpaść w depresję. Pogrzeb Hollanda to też była afera, bo potraktowany został przez władze jako manifestacja polityczna. Niektórych jego uczestników nawet przesłuchiwano w KC.

Ciebie też?

Nie, ja byłem już uznany za przypadek beznadziejny. Ale Pawła Beylina na przykład przesłuchiwano i to on na pytanie:

„Dlaczego poszliście na pogrzeb Hollanda?", odpowiedział: „Bo umarł". Podczas pogrzebu śpiewano *Międzynarodówkę* i z kolei przedmiotem śledztwa stało się zagadnienie, kto ją zaintonował. Janek Kott w swoich wspomnieniach twierdzi, fałszywie zupełnie, że ja. Tak naprawdę *Międzynarodówkę* zaintonował Felek Duracz.

Niedawno historyk z Instytutu Pamięci Narodowej ogłosił w „Rzeczpospolitej", że już od marca 1963 roku Służba Bezpieczeństwa „zaczęła intensywne rozpracowywanie Leszka Kołakowskiego, któremu nadano kryptonim »Senator« [...]. Zamierzano zidentyfikować i kontrolować kontakty Kołakowskiego w kraju i za granicą, a także ograniczać jego wpływ na młodzież akademicką". Poczynając od marca 1963 roku, bezpieka śledziła cię już dzień i noc. Cytuję historyka z IPN: „W sumie w totalną inwigilację znanego już wówczas filozofa zatrudnionych było nie mniej niż kilkunastu funkcjonariuszy, którzy spisywali, jakie sklepy oglądał i gdzie jadł obiad. Przykładowy meldunek z 2 listopada 1963 r. donosi: »O godz. 15.05 Kołek [twój pseudonim jako figuranta – Z.M.] wyszedł z kancelarii [Wydziału Filozofii UW] i udał się Krakowskim Przedmieściem na ul. Nowy Świat do sklepu Desa. Po 5 minutach wyszedł i udał się na Aleje Jerozolimskie do baru Praha. W barze zjadł obiad, po czym wyszedł i udał się Alejami Jerozolimskimi, Kruczą, na ul. Wilczą [...]. Była godzina 15.45«". Czy miałeś wtedy świadomość, że jesteś tak dokładnie inwigilowany?

Nie, nie czułem wtedy fizycznej obecności ubeków wokół siebie. Dopiero trzy lata później, po październiku 1966 roku, stało się to dla mnie oczywiste. Potem już się nie ukrywali.

*Materiały z twoich teczek w IPN świadczą, zdaniem history-
ka, który je badał, że bezpieka, chcąc cię „rozpracować operacyj-
nie", planowała wykorzystanie sieci tajnych współpracowników,
„przede wszystkim »Henryka«, »K« i »Adama Piotrowskiego«
umieszczonych w Instytucie Filozofii i Socjologii PAN".*

Nic mi o tym nie wiadomo. Nie mogę zidentyfikować
tych osób, a ich kryptonimy nie są rozszyfrowane. Przypuszczam, że chodzi o osoby już w instytucie pracują-
ce i zwerbowane, a nie umieszczane tam specjalnie. Jeśli
ktoś mi powie, na podstawie wiarygodnych danych, kto to
był, przyjmę to do wiadomości. Prawdopodobnie nie będę
zgorszony szczególnie, no bo przecież o tym, że w ogóle
byli ubecy, wszyscyśmy wiedzieli. Nie sądzę, żeby wśród
tych agentów ubeckich byli ludzie naprawdę ze mną zaprzyjaźnieni. Nie wierzę w to i nikogo nie podejrzewam,
choć mogę mieć luźne domysły. Ale nie jest to rzecz, która
by mnie specjalnie ciekawiła.

*W 1963 roku zniszczono gotowy już skład drukarski twojej
książki pod tytułem* Fetysze racjonalizmu. *Pośród materiałów cytowanych w „Rzeczpospolitej" znalazły się fragmenty notatki służbowej oficera SB, który opiniował maszynopis
w taki oto sposób (cytuję dosłownie): „Kołakowski – członek
PZPR – [...] w »Fetysze racjonalizmu« reprezentuje teorie
racjonalistyczne, które rewidują niektóre filozoficzne podstawy
marksizmu [...] Wniosek: »Fetysze racjonalizmu« nie należy
drukować, korzyść będzie dając ten papier na podręczniki dla
dzieci szkolnych".*

Podręczniki szkolne ważna rzecz, jak wiadomo.

Zaangażowanie w proces Jacka Kuronia i Karola Modzelewskiego pogorszyło znacznie twoją reputację w oczach władz.

To był bardzo interesujący proces. Opowiadano mi, że sędzia, który wydawał wyrok, mówił wściekły: „Że też to ja właśnie muszę takie świństwo podpisywać!". Oczywiście, sędzia i prokurator wyznaczeni byli odgórnie, w takich sprawach obowiązywała kontrola partyjna. Pamiętam też proces dyscyplinarny w ramach Ministerstwa Szkół Wyższych, kiedy z uniwersytetu wyrzucono trzy osoby za to, że choć znały list Kuronia i Modzelewskiego, zaniedbały złożyć na nich donos. Byłem tam jako mąż zaufania oskarżonych, razem z Niną Assorodobraj i Witoldem Kulą. Obrońcą była Maria Ossowska, a oskarżycielem profesor filozofii o rosyjskim nazwisku... Igor... zapomniałem. Wśród trójki oskarżonych był Bolesław Tejkowski, który później ujawnił się nagle jako zwierzęcy antysemita. Partię jakąś założył i naturalnie chciał zostać prezydentem. A cały jego światopogląd polegał na tym, żeby bić Żyda. Jest taka kategoria ludzi, jak wiesz.

W drugiej połowie lat sześćdziesiątych narastały w Polsce tendencje nacjonalistyczne, które z czasem miały się zrymować z antysemityzmem.

Początkowo nie przybierało to form skrajnych. Ale niewątpliwie jakaś zachęta do nacjonalizmu istniała. Z tego też powodu towarzysz Moczar był widziany niezbyt dobrze przez towarzyszy radzieckich, chociaż w jego propagandzie nie było ani śladu antysowieckich akcentów. Ale też towarzyszy radzieckich nie tak łatwo dawało się oszukać. Jak tylko Polacy robili coś bez pozwolenia Moskwy, oni to z wściekłością nazywali *otsiebiatnina* – coś od siebie robione. Towarzysz Gomułka dobrze wiedział, że trzeba się pilnować. On miał, jak słyszałem, prawdziwą obsesję i bał się, że Związek Radziecki i Niemcy jakoś się nad naszymi głowami porozumieją. Dlatego tak mu zależało na podsycaniu nastrojów antyniemieckich, żeby to porozumienie utrudnić. Beria, zanim go wsadzono, odpowiadał za kontakty z Niemcami, które mogły były doprowadzić do likwidacji NRD. Oczywiście, nie za darmo, tylko za cenę neutralizacji Niemiec. Podobno jego ludzie w NRD byli w jakimś stopniu odpowiedzialni za rozruchy w czerwcu 1953 roku. W końcu i Chruszczow wysłał do Niemiec Zachodnich swojego zięcia, który po drodze zatrzymał się w Polsce i – jak opowiadał mi Mietek Rakowski – mówił po pijanemu, że już został z Niemcami załatwiony rozbiór Polski. Oczywiście, było to gadanie pijackie, ale prawdopodobnie coś się za tym kryło jednak. Chruszczow mógł igrać z myślą, że za dużą cenę można sprzedać NRD, która przecież była dla nich kulą u nogi.

XVI

Mówiliśmy o twoim udziale w ankiecie wróżbitów „Przeglądu Kulturalnego" na temat „Co będzie za dziesięć lat?". Przypominam sobie, że w roku 1965 komentowałeś też inną ankietę, tym razem pod hasłem „Ty i rok 2000"; przewidywałeś więc, co będzie za lat trzydzieści pięć.

Kto tę ankietę organizował?

Redakcja „Sztandaru Młodych".

Pracował tam przez dłuższy czas mój brat cioteczny Mirek Kluźniak, z którym byliśmy od dzieciństwa razem: w Radomiu, w Garbatce, potem jeszcze w Łodzi, gdzie on studiował matematykę, ale studiów nie skończył, bo go zbyt pochłonęła polityka.

Jaką tematyką zajmował się w „Sztandarze"?

Ogólnokulturalną. Ale mało pisał. Ktoś opowiadał mi, nie pamiętam już kto, że on z gazet radzieckich wybierał naumyślnie jakieś największe głupstwa, żeby je następnie – prowokacyjnie – przedrukowywać.

Uprawiał sabotaż ideologiczny?

Coś w tym rodzaju. A później na kilka lat wyjechał do Indii jako korespondent Polskiej Agencji Prasowej; mieszkał w tym kraju z żoną i z dwoma synami. Pojechał też do Indonezji, gdy tam był przewrót i straszne rzeczy się działy. Oczywiście, polska prasa pisała, że wybuchło powstanie ludowe przeciwko tyranii, ale w rzeczywistości był to komunistyczny zamach stanu sponsorowany przez Chińczyków. Zamach, który się nie udał. I Mirek pisał o tym długi reportaż, nieprzeznaczony do druku w „Sztandarze", co najwyżej w biuletynie PAP, bo tam można było pisać rzeczy, które gdzie indziej nie przechodziły przez cenzurę. Pamiętam też, że był w Wietnamie, rozmawiał z Ho Szi Minem… No, ale to dygresja.

W 1965 roku redakcja „Sztandaru" pytała młodych ludzi, jak sobie wyobrażają rok 2000. Z odpowiedzi wyłaniała się utopia technologiczna: za trzydzieści pięć lat będą za nas pracowały maszyny i człowiek nie będzie już zmuszany do żadnego wysiłku. O skomentowanie tych marzeń poproszono cybernetyka profesora Mariana Mazura i ciebie.

No cóż, w połowie lat sześćdziesiątych, w Polsce rządzonej przez Gomułkę, prawdziwe marzenia technologiczne dotyczyły telefonów, z których można będzie bez kłopotów dodzwonić się z Warszawy do Pruszkowa. Dotyczyły też tego, żeby w sprzedaży był klej nadający się do klejenia i żyletki, którymi można się ogolić.

Redakcja sugerowała, że jak każdy humanista jesteś zapewne w głębi duszy mocno nieprzychylny maszynom. A ty odpowiadałeś, że nic podobnego, że wprost przeciwnie, bardzo chętnie korzystasz z wszelkiego komfortu, który mamy technice do zawdzięczenia.

Zawsze irytowało mnie przeświadczenie, że postęp techniczny jest zły sam w sobie, że to rzeczywiste źródło barbaryzacji umysłowej i moralnej. Ktoś, kto tak uważa, skazany jest na jałowe historiozofie katastroficzne, które każą nam w bezsilności oczekiwać na fatalnie nieuchronne triumfy barbarzyństwa we wszystkich dziedzinach życia albo snuć arkadyjskie legendy i w mniej lub bardziej zamaskowanej postaci głosić powrót do natury. Beznadziejność takiego programu jest oczywista.

Czy w świecie zdominowanym przez nowoczesną technikę humaniści mogą nie doświadczać przykrego poczucia zbędności?

To już zależy od tego, czy będą zdolni, zamiast opłakiwać rzeczy nieodwracalnie przemijające, zaadaptować się do świata techniki nowożytnej. A w tym świecie nie technika sama jest groźna dla ludzi, ale, wstyd powtarzać ten banał, choć powtarzać go jednak trzeba, sposób jej wykorzystania oparty na istniejących stosunkach życia zbiorowego.

Na początku lat sześćdziesiątych zaczynało się w Polsce mówić o technokracji, o doktrynach technokratycznych.

Technokratyczne ideologie obiecywały iluzoryczną wolność od ideologii, co w czasach powszechnego rozczarowania ideologiami mogło liczyć na wzięcie jako program. Była to jednak fałszywa obietnica oparta na złudzeniu, że życie społeczne może w ogóle obyć się bez więzi ideologicznych, a rozwój techniki zdolny jest sam przez się rozwiązać wszystkie konflikty ludzkie.

W eseju pod tytułem Wielkie i małe kompleksy humanistów *pisałeś, że „Triumf technokratycznych ideologii, który musiałby doprowadzić do produkowania społeczeństw bezwolnych, biernych, poddających się bez oporu dowolnej władzy, pozbawionych źródeł inicjatywy i zaspokojonych w zuniformizowanej kulturze dziecinno-żołnierskiej — triumf taki nie jest bynajmniej naturalnym produktem technicznego postępu: musiałby dojść do skutku na terenie kultury umysłowej, a więc tam, gdzie humaniści dysponują prawem głosu". I puentowałeś: „Korzystanie z tego prawa jest dla nich właściwą racją istnienia".*

Tak jest. Niepodobna zaprzeczyć.

O „utopię technologiczną" pokłóciłeś się swego czasu ze Stanisławem Lemem.

Czego nie mógł mi wybaczyć. I nawet po trzydziestu latach wracał do tamtej sprawy.

Przypomnijmy, że chodziło o polemikę z książką Summa technologiae. *Zniecierpliwiły cię niektóre jej fragmenty, te zwłaszcza, w których Lem z niejakim lekceważeniem wyrażał się o metafizycznych spekulacjach.*

Zgodnie z tradycją scjentystyczną Lem rugował pytania metafizyczne z nauki i z życia, ale przecież pytań tych ostatecznie wyrugować się nie da. Osiągnięcia technologiczne rodzą dylematy, których każde rozstrzygnięcie wymaga odwołania się do pewnych wartości uznanych za fundamentalne i nieinstrumentalne, a więc właśnie do założeń metafizycznych. Lem wyjaśniał, że problemy głodu, nędzy, przeludnienia i podobne nie dadzą się złagodzić drogą metafizycznej spekulacji. W rzeczy samej, nie dadzą. Skoro jednak nie mordujemy ułomnych niemowląt, choć jest wielce prawdopodobne, że utrzymywanie ich przy życiu przyczynia się w skali społecznej do pomnożenia głodu i cierpień – to jaki charakter ma racja naszego wyboru?

Lem nie był chyba euforycznym wielbicielem postępu technicznego.

Z pewnością nie był, ale nierzadko takiej euforii ulegał.

W szkicu na marginesie Summa... *pisałeś o jego niesłychanej przesadzie w ocenie wyników, jakie przyniosła psychologia odwołująca się do schematów cybernetycznych.*

O ile pamiętam, zdaniem Lema postęp w tej dziedzinie miał być zgubny dla literatury, której racją istnienia jest, jak utrzymywał, opis irracjonalnych zachowań ludzkich przedstawianych przez pisarzy jako tajemnica. No, a teraz, dzięki cybernetyce, wiadomo już, co dzieje się z naszym układem nerwowym, jakie to stany napięć w komórkach występują na jawie i we śnie, wszystko jest wytłumaczone, tajemnicy nie ma, literatura ginie. Jak widać, jednak nie zginęła ze szczętem.

Cybernetyka po prostu zrobiła się wtedy modna.

I dawała humanistom złudzenie, że chwiejną ich wiedzę da się przeobrazić w prawdziwą naukę.

À propos snu. Od dawna chciałem cię zapytać, czy sen, a raczej zjawisko snu, był dla ciebie przedmiotem zaciekawienia filozoficznego.

Było, i to nawet bardzo. Zastanawiałem się, czy sny są rzeczywiste i w jakim sensie są rzeczywiste. Sny zdarzają się bardzo często każdemu, ale nie chodzi o to, że każdy sen jest rzeczywisty, bo po prostu się zdarza. Chodzi o to, że dany sen zdarza się tylko mnie i nikomu innemu. To może być istotnie rozważone wyłącznie z punktu widzenia definicji rzeczywistości. A definicja rzeczywistości to jest coś naprawdę filozoficznie interesującego. Ale nie mam tu dobrego wyjaśnienia tej sprawy.

Pisałeś o psychoanalizie…

Cała ta *Traumdeutung* Freuda wydaje mi się wydumana. Na przykład on pisze – jest taki rozdział na temat snów o śmierci osób bliskich – że są sny, w których chcemy, aby ci bliscy umarli, ale w snach tych działa częściowa cenzura, która pozwala nam śmierć bliskich zobaczyć, ale nie pozwala już cieszyć się z tego. To są przecież zupełnie fikcyjne rozważania.

A czy są sny prorocze?

Nie wiem tego, ale wcale nie wykluczam.

Czy znani ci są filozofowie, którzy zapisywali swoje sny i było to dla nich rzeczą ważną?

Z wielkich filozofów? Nie pamiętam, żeby któryś to czynił. Może dlatego, że zapisywanie własnych snów jest albo objawem pewnej frywolnej rozrywki, albo może świadectwem zabobonnych wierzeń. Freud, oczywiście, kazał swoim pacjentom zapisywać swoje sny, ale to co innego.

Miewasz sny natrętne, powtarzające się wiele razy?

Nie, nie mam snów obsesyjnych. Ale miewam sny, które budzą niepokój. W ogólności niepokoi mnie, że oglądamy różne niezwykłe rzeczy w snach, że z sekundy na sekundę przenosimy się w jakieś zupełnie inne światy, że widzimy ludzi dawno nieżyjących i rozmawiamy z nimi, i że wcale nie dziwimy się temu, jak gdybyśmy uważali to za rzecz naturalną, a przecież nie jest tak. Powstaje pytanie, jak się zmienia nasz ustrój psychiczny, nasza świadomość w czasie snu, że możemy nie żywić zdziwienia wobec takich rzeczy niesłychanych.

„Śnie, który uczysz umierać człowieka..." – podejrzewam, że wolisz ten wiersz Kochanowskiego niż schematy cybernetyczne Lema.

Jak mówiłem, Lem nie darował mi paru uszczypliwych uwag o jego książce. To był jeden z dwóch wybitnych pisarzy naszych wyjątkowo wprost przewrażliwionych na swoim punkcie.

Chyba wiem, kogo masz na myśli jako tego drugiego. Gustaw Herling-Grudziński?

Tak, on z kolei bardzo lubił chwalić się swoją niezłomnością. No i rzucać oskarżenia o oportunizm pod adresem pewnej kategorii ludzi, zwłaszcza pisarzy takich jak Kazimierz Brandys czy Jerzy Andrzejewski, których miał za szczególne świnie. Nie bardzo podobało mi się to jego moralne oburzenie na brak odwagi w środowisku literatów krajowych wyrażane z pozycji bezpiecznych, z pozycji człowieka, który cały czas był na emigracji. Wydawało mi się to niestosowne. Ale bardzo cenię Herlinga jako pisarza (chociaż przypuszczam, że różne jego opowieści autobiograficzne są podkoloryzowane).

Herling twierdził, że twórcy, którzy mają komunistyczną przeszłość, nie potrafili się z nią rzetelnie rozliczyć i dlatego, nawet jeśli dawno od komunizmu odeszli, żyją ze „szkieletem w szafie". Czy ty miałeś poczucie, że nie rozliczyłeś się ze swoją przeszłością do końca i że w twojej szafie ciągle coś straszy?

Nie, nie miałem takiego poczucia. Miałem natomiast poczucie, że tę przeszłość trzeba ukazać od strony uczestników, i starałem się to we własnym zakresie uczynić. Szkielet w szafie? Ja nie mam takiej szafy. O moich komunistycznych czasach pisałem niejednokrotnie i nie wiem, co właściwie mógłbym jeszcze zrobić.

Poznałeś Herlinga osobiście?

Znałem go, owszem, ale nie mogę powiedzieć, że znałem go dobrze. Jak się poznaliśmy, już nie pamiętam, zapewne w „Kulturze" paryskiej, może już w pięćdziesiątym szóstym roku, kiedy byłem tam po raz pierwszy z Pawłem Beylinem. Później widziałem go w Londynie, nie sądzę, żebyśmy rozmawiali o przeszłości i na te tematy, które on z wielką zaciekłością poruszał.

Skąd się brała ta wielka zaciekłość?

Emigracyjna mentalność była chyba taka właśnie. Emigracyjna ortodoksja. Emigracyjne dogmaty bardzo ostre. Na przykład nie wolno było pisarzowi emigracyjnemu drukować czegokolwiek w Polsce. Wszelkie kontakty z Polską Ludową, nie tylko polityczne, uchodziły za coś nadzwyczaj niewłaściwego, jeśli nie za zdradę po prostu. Janek Lipski opowiadał mi kiedyś, że jak był w Paryżu, poszedł do Biblioteki Polskiej, gdzie go traktowano jak bolszewika wściekłego. Janek Lipski bolszewikiem wściekłym! – możesz sobie wyobrazić. To było stanowisko całkowitego odtrącenia Polski „bolszewickiej" w przekonaniu, że tam nie ma i być nie może niczego poza ubecją i zgnilizną moralną. Na dobrą sprawę takie nastawienie zaczęło się zmieniać, dopiero kiedy powstał KOR i opozycja czynna.

Po roku 1989 spór o to, czym była w istocie PRL, co jakiś czas wybucha na nowo i nierzadko pojawiają się w nim sądy równie radykalne jak opinia, że to było jedno wielkie szambo i nic więcej.

Wiem, że ludzie urodzeni zaraz po wojnie albo w latach pięćdziesiątych, by o jeszcze młodszych nie wspominać, mówią dzisiaj tak: była jedna okupacja, a potem druga, sowiecka. Oczywiście, że nie byliśmy krajem suwerennym, oczywiście, że nasza armia była częścią armii Układu Warszawskiego, oczywiście, że były prześladowania, represje i naciski polityczne, oczywiście, że istniała tajna policja kontrolowana przez Rosjan, ale jednak stawianie znaku równości między życiem w PRL i pod okupacją niemiecką jest bardzo niemądre. Ci, co pamiętają okupację naszego kraju przez hitlerowskie Niemcy, wiedzą, że był to czas wyniszczenia i grozy – w każdej chwili można było być złapanym i albo wywiezionym na roboty, albo rozstrzelanym na miejscu. Porównywanie tego piekła z czasami powojennymi jest krzywdzące, nawet jeśli się pamięta, jakich niesprawiedliwości dopuszczała się nowa władza i ilu ludzi przez nią zginęło.

W świadomości młodych ludzi bardzo od siebie różne okresy powojennej Polski łączą się w jedną całość, jest po prostu PRL, i już.

Pierwsze lata powojenne były o tyle szczególnie krwawe, że działało wciąż zbrojne podziemie i ludzi podejrzanych o udział w podziemiu tępiono ze szczególną zaciekłością. Zarazem jednak istniały w tym czasie elementy realnego pluralizmu politycznego i kulturalnego. Działała Polska Partia Socjalistyczna, która nie była jeszcze bezwolnym narzędziem komunistów, mimo że tkwiło tam wielu agentów PPR i bezpieki. Działało też, legalnie, mimo represji, Polskie Stronnictwo Ludowe Mikołajczyka. Cenzura i nadzór nad wydawnictwami były też mniej ostre niż w następnych latach. Gorsze pod różnymi względami były lata po tak zwanym zjednoczeniu PPR i PPS, 1949–1954, kiedy to wzory sowieckie stawały się coraz bardziej obowiązujące, a życie kulturalne poddawano stopniowo ścisłej partyjnej regulacji. Za Gomułki od pięćdziesiątego szóstego roku zdarzały się, oczywiście, procesy polityczne, ale miały inny charakter niż kiedyś, chociażby dlatego, że ludzi sądzono i skazywano za to, co naprawdę zrobili, nie stawiano im całkiem fikcyjnych zarzutów. Kuronia i Modzelewskiego skazano więc za to, że napisali list, jaki napisali, a nie za to, że byli szpiegami japońskimi. Jest tu, mimo wszystko, jakaś różnica nie bez znaczenia. Te różnice trzeba dostrzegać, trzeba wszystko porównywać z innymi czasami i innymi krajami. Jak w latach stalinowskich wyglądała prasa i całe życie kulturalne – nie ma co mówić. Mimo to ten okres najgorszy nie trwał na tyle długo, żeby nie można się było z niego wydobyć stosunkowo szybko. Oczywiście, cały czas istniała cenzura, ale już po roku pięćdziesiątym piątym poczęto w Polsce wydawać prawie wszystko ze światowej literatury, pomijając wyraźnie antykomunistyczne teksty, jak Orwella czy Koestlera. W działalności cenzury były okresy złagodzenia i zaostrzenia, przenikały jednak przez nią rzeczy naprawdę wartościowe. Po likwidacji „Po prostu", a później „Nowej Kultury" i „Przeglądu Kulturalnego" czuło się, naturalnie, zaciskanie obroży, mimo to jednak w porównaniu z innymi krajami bloku nadal byliśmy w uprzywilejowanej sytuacji. Choćby takie pismo partyjne jak „Polityka" – nigdzie nie było czegoś podobnego pomiędzy Sachalinem a Dreznem. Ukazywało się tam dużo rzeczy naprawdę interesujących.

W „Polityce" nie pojawił się ani jeden twój tekst. Nie miałeś kontaktów z tą redakcją?

Znałem, oczywiście, Mietka Rakowskiego i jego żonę ówczesną, Wandę Wiłkomirską. Rakowski przychodził na premiery STS, gdzie i ja chodziłem, raz byłem w „Polityce" na sylwestrze, znałem parę innych osób z redakcji, ale nikt stamtąd nie prosił mnie o współpracę ani ja o nią nie zabiegałem. Byłem chyba dla nich figurą zakażoną. A w sześćdziesiątym ósmym roku, kiedy „Polityka" zachowywała się dość przyzwoicie jak na prasę tamtego okresu, miałem już zakaz druku.

Osobliwe, że raz jeden, w roku 1965, drukował cię Władysław Machejek w „Życiu Literackim". Podejrzewam nawet, że zrobił to bez twojej wiedzy i zgody.

Jak to było możliwe?

Chodzi o twój głos na piętnastym zjeździe Związku Literatów Polskich. Zjazd odbył się w Krakowie i pewnie wzięli tę wypowiedź ze stenogramu. Mówiłeś wtedy między innymi o prawie pisarza do oddechu, o tym, że wartości, które tworzy i na których mu zależy, pisarz chce włączyć w całokształt swojego świata, umieścić je w pełnym horyzoncie zdarzeń, gdzie przebiegało jego życie. Przypomnę twoje słowa (swoją drogą, Machejkowi udawało się czasami wygrywać z cenzurą): „Dlatego tam, gdzie istnieją w literaturze czy w życiu potocznym obszary zakazane, strefy milczenia, tam pisarz jest bez oddechu. Takie obszary istnieją i kto by mówił, że ich nie ma, ten by kłamał, wiedząc, że kłamie".

Oczywiście, pisarze polscy uczyli się przez lata sztuki taktycznych przemilczeń i nierzadko stosowali ją bez większej szkody dla swoich utworów. Takie przemilczenia mogą być w pewnym stopniu nieuchronnością, ale w sumie zawsze złą, przeciwną kulturze i literaturze.

Na krakowskim zjeździe mówiłeś o odpowiedzialności twórczej i o rozmaitych próbach ucieczki przed odpowiedzialnością. Nie

wolno nam nigdy dawać do zrozumienia, że pisarz odpowie-
dzialny to człowiek potulny, spokojny, wyjałowiony z wszelkie-
go gniewu i wszelkiej nadziei.

Uciekać od odpowiedzialności za świat i za własny w nim
udział, za własne słowa można przez rodzaj melancholii,
która w zadumie nad wiecznym i nieuchronnym złem świata szuka usprawiedliwienia dla własnego zobojętnienia. To
bardzo wygodne zaspokoić się westchnieniem „Nic nowego
pod słońcem".

Tak zwana nostalgia za PRL, z rozmaitych powodów wyraża-
na, jest mi całkowicie obca. Kiedy jednak słyszę, jak ludzie, któ-
rzy tamte czasy pamiętają, mówią, że życie środowisk twórczych
było wtedy bardziej intensywne i bogatsze duchowo niż dzisiaj,
myślę, że może jest coś w tym. Może ludzie – po prostu – mieli
więcej czasu, żeby ze sobą rozmawiać.

Późne lata pięćdziesiąte i wczesne sześćdziesiąte pamiętam
jako czas niesłychanie pod tym względem intensywny. Ludzie różnych zawodów zresztą, nie tylko artyści czy uczeni, spotykali się ze sobą w różnych miejscach właściwie bez
przerwy i to życie towarzyskie było interesujące naprawdę.
Wiedzieliśmy, kto ma pełnię władzy w kraju i jaka to władza, ale próbowaliśmy sami żyć przyzwoicie. I można było
tak żyć, nie kłamiąc i nie robiąc świństw nikomu.

XVII

*W roku 1965 Klub Inteligencji Katolickiej zorganizował dysku-
sję, prosząc kilku swoich adwersarzy o określenie ich stosunku do
filozofii chrześcijańskiej. Swoją wypowiedź na ten temat...*

Gdzie ona była drukowana?

*Najpierw w miesięczniku „Znak", a potem w książce, którą wy-
dałeś pod tytułem* Notatki o współczesnej kontrreformacji.

A tak, była taka książeczka, nie chciałem jej wznawiać.

*Szkoda, ja bym cię do tego namawiał. A zatem swoją wypowiedź
na temat filozofii katolickiej zacząłeś od stwierdzenia, że jesteś
pozbawiony niemal całkowicie uczuć sakralnych jakiegokolwiek
rodzaju. Być może było to stwierdzenie prowokacyjne na użytek
dyskusji, niemniej zabrzmiało serio jako autoprezentacja. Wspominam o tym, bo po trzynastu latach, kiedy w Genewie wygłaszałeś
swój słynny odczyt „Odwet* sacrum *w kulturze świeckiej", powiedziałeś, że człowiek o świadomości wyzwolonej z* sacrum *zasługu-
je na pogardę, bo żyje bez sensu, a sens tylko z* sacrum *płynie.*

No, coś takiego, strasznie mnie gnębisz.

Jedynie pytam, czy z tego wniosek, że kiedy miałeś trzydzieści trzy lata – wiek Chrystusowy – żyłeś bez sensu.

Nie, tak bym nie powiedział, że żyłem bez sensu. Czym innym jest wiara filozoficzna, a czym innym trwałe poczucie świętości. Myślę, że tamta autoprezentacja, o której wspomniałeś, była przesadna jednak. Dyskutowałem z myślą katolicką, której nie lubiłem. Wprawdzie już nie ustosunkowywałem się do niej w taki sposób jak dawniej, kiedy tę filozofię chłostałem niesprawiedliwie i krzywdząco, ale jednak ciągle jej nie lubiłem. Nie lubiłem prób racjonalizowania porządku *sacrum* przez intelektualne wysiłki, prób niezręcznego naśladowania zabiegów wiedzy „pozytywnej" tam, gdzie jest to niemożliwe.

Nie lubiłeś dowodów na istnienie Boga.

Tak. Inaczej obecnie się do nich odnoszę niż kiedyś, nadal jednak uważam, że nie są to dowody w sensie właściwym. Chociaż są to pewne drogi intuicyjne, które wolno nam uznać jako takie, nie są to dowody. W sprawach religijnych dowodów w sensie właściwym chyba nie ma. Co nie znaczy, oczywiście, że cała ta sfera jest zmyśleniem.

W świetle twoich późniejszych wypowiedzi nasuwa się pytanie, w jaki sposób może odkryć sacrum *człowiek, który uczuć sakralnych jest pozbawiony. Jak się odkrywa* sacrum?

Sacrum jest niezbywalną częścią naszej kultury. Ono po prostu jest. Jest w kulturze i odkrywać go może nie potrzeba. Uznać *sacrum* to coś innego, niż uwierzyć w Pana Boga. Uznać je można, nawet jeśli się nie ma sakralnych emocji w sensie, bo ja wiem, uczestniczenia duchowo i bardzo na serio w zbiorowych modłach i rytuałach, czego ja nadal nie czynię przecież. Tak, *sacrum* jest obecne w naszej kulturze i jakkolwiek obecne jest na pewno ze słabnącą siłą, nie można go po prostu unicestwić dekretem.

Pisałeś, że człowiek pozbawiony poczucia świętości odkrywa sacrum *zawsze za pośrednictwem zła, grzechu, niedoskonałości. Czy według ciebie* sacrum *nie można odkryć za pośrednictwem dobra?*

Doświadczenie zła jest najbardziej dotkliwe, najbardziej przejmujące i być może, choć nie twierdziłbym tego z taką stanowczością, to właśnie przez nie najpewniej odkrywa się przestrzeń *sacrum*, bez której trudno żyć.

Doświadczenie zła jest najważniejsze?

Chyba tak, choć, oczywiście, nie można powiedzieć, że niczego innego prócz zła nie doświadczamy. Owszem, doświadczamy mnóstwa rzeczy dobrych, takich, które uważamy za dobre, a mimo to zło jest środkiem otwierającym przed nami przestrzeń *sacrum* w znaczeniu świata, który nie wyczerpuje się w sobie, który ma nam uprzytamniać swoją niesamowystarczalność.

Masz na myśli zło doświadczane czy też zło wyrządzane przez nas innym?

Jedno i drugie. Nie tylko zło, którego my sami, każdy z nas jest ofiarą, również zło, które dotyka wszystkich innych ludzi. Zło obserwowane, widziane w świecie, które tak strasznie nas uderza, którego siedliskiem tak wybuchowym i potężnym był cały wiek dwudziesty. Nie możemy tego zagłuszyć doktrynami. Nie doktryny nas uczą, ale doświadczenie zła – tego, które wyrządzam, i tego, które widzę wokół siebie.

Od początku lat sześćdziesiątych w twoich tekstach bardzo często pojawia się stwierdzenie, że ludzkie życie jest nieuchronną porażką i że sacrum *jest niezbędne do tego, by jako porażkę je zaakceptować. Ale czy ktoś, kto uznał swoje życie za cząstkę porządku sakralnego, może je uznać za porażkę?*

Nie mówię – życie jako cząstka porządku sakralnego. Mówię – życie po prostu. Życie każdego z nas kończy się źle. Kończy się porażką. Nie możemy tego uznać od początku swojego żywota, to jasne. To nie jest doświadczenie, które z dzieciństwa nam przychodzi. Ale po pewnym czasie każdy, jak myślę, sobie uświadamia, że nie zrobił w życiu tego, co powinien był albo co mógł, albo co należało uczynić, a jeśli coś osiągnął, to są osiągnięcia niezdarne.

Ale są przecież ludzie, o których mówimy, że są ludźmi spełnionymi. Czy to znaczy, że można tak powiedzieć o innych, a o sobie nie?

Myślę, że nie można. Wprawdzic nie pytałem o to Einsteina, ani Tomasza Manna, ani najwybitniejszych figur naszych czasów, naturalnie, że nie pytałem, ale myślę, że jeśli człowiek ma poczucie spełnienia, poczucie, że życie jego było pewnym dziełem zakończonym, dobrym dziełem, to chyba się oszukuje, bo nie ma czegoś takiego.

Podobno są nawet ludzie święci.

Znałem, pewnie każdy z nas znał, ludzi na tyle osadzonych w życiu, że kierowali się zasadami moralnymi i umysłowymi, które były nienaruszalne, i naprawdę ci ludzie życie swoje w tym wyrażali. Nie wiem, czy byli święci. Nie powiem, że znałem kogoś, kogo bym bez wahania za świętego uznał, nie, takich nie znałem, ale znałem ludzi pozbawionych chwiejności życiowej, wierzących, a nawet więcej niż tylko wierzących w to, że życie ich jest służbą dla innych i że jest służbą dobrze spełnioną. A mimo to nadal mam poczucie, że życie każdego z nas kończy się porażką, nie mógłbym jednak tego poczucia przetworzyć w jakąś doktrynę. To są raczej takie wypady mojego własnego stosunku do świata, a nie opis tego świata, o którego prawdę czy fałsz można by się spierać.

Myśl o tym, że można własne życie doskonalić bez końca, wydawała ci się myślą samobójczą. Ale mam w pamięci jedno z najbardziej poruszających zdań, jakie napisałeś w sześćdziesiątych latach.

Jakie zdanie?

„Każda poszczególna granica jest przekraczalna, nieprzekraczalne jest tylko istnienie granicy".

Tak, jest coś takiego.

Niepokojący paradoks?

Nie, ja myślę, że nie jest to zdanie paradoksalne. Nasze życie przebiega w obrębie pewnej granicy, a ponieważ to życie jest skończone, zawsze ta granica istnieje, nawet jeśli niedokładnie ją możemy wyznaczyć i staramy się ją przesuwać.

Podczas tamtej pierwszej bodaj twojej dyskusji z katolikami powiedziałeś, że potrafisz sobie wyobrazić pewien rodzaj filozofii katolickiej, do którego czułbyś sympatię.

Czułem sympatię do filozofii chrześcijańskiej, która nie lękałaby się własnej pierwotnej i najbardziej autentycznej formy, filozofii, która jawnie afirmowałaby własną irracjonalność, przyznając się do obrazu świata świętego Pawła.

Mówiłeś, że my wszyscy, wierzący i niewierzący, przestaliśmy żyć w „wieku rozumu", w naiwnym sensie osiemnastowiecznym. I samego siebie określałeś jako racjonalistę tylko w pewnym znaczeniu tego słowa.

Bo nasze opinie filozoficzne są wyrazem pewnego wartościowania, wyrazem opcji swobodnej, na którą nie ma dowodów. Racjonalizm jako pewna teoria poznania nie jest samougruntowanym i samouprawomocniającym się stanowiskiem. Nieustanne zapewnianie o racjonalności wszystkich swoich poglądów w sprawach natury światopoglądowej wydaje mi się po prostu śmieszne.

Tym bardziej zapewnianie o ich naukowości.

Oczywiście.

Na początku lat sześćdziesiątych coraz częściej zabierałeś głos na temat Kościoła i kultury chrześcijańskiej, rozmaitych modeli chrześcijaństwa. Pisałeś o kontrreformacji pojmowanej jako całość przedsięwzięć mających na celu adaptację chrześcijaństwa do zmienionych warunków życia, jako próbę wewnętrznego przekształcenia, które pozwoli Kościołowi zasymilować wartości stworzone poza nim i wbrew niemu.

Ważny był krótki, bo niespełna pięcioletni, pontyfikat Jana XXIII, który w przeciwieństwie do swoich bezpośrednich poprzedników nie oceniał wszystkich spraw świata z jednego punktu widzenia: interesu Kościoła jako instytucji, i podważał ekskluzywizm i egocentryzm rzymskiej kurii.

Jan XXIII umarł w roku 1963. W tym samym roku spotkałeś się z prymasem Wyszyńskim. To było jedyne wasze spotkanie.

Tak, pierwsze i ostatnie zarazem.

Gdzie się spotkaliście?

W Laskach. Pojechałem tam razem z Jankiem Strzeleckim, bo to on zaaranżował spotkanie, nie pamiętam już w jaki sposób.

Jakie miałeś wrażenia?

To była rozmowa bez większego znaczenia. Nie powiem, żebym był nią specjalnie zbudowany. Prymas był człowiekiem kościelnym, twardym, mówiącym językiem, który do mnie nie bardzo trafiał.

A jak zareagowałeś parę lat później na język orędzia biskupów polskich do biskupów niemieckich? Na tę słynną formułę „Przebaczamy i prosimy o przebaczenie"?

Prawdę mówiąc, trochę mnie raziło wtedy to wyrażenie. Jakby była jakaś ekwiwalencja między tym, co Niemcy nam zrobili, a tym, co myśmy zrobili Niemcom. Nie bardzo mi się to spodobało. Jak wielu ludziom zresztą.

Zabierałeś publicznie głos na ten temat?

Na szczęście nie. Bo rychło zobaczyłem, że nie miałem racji, kwestionując tamte słowa. To było przecież wyrażenie z chrześcijańskiego słownika, bardzo właściwe, bardzo... Powtarzam, wiele osób zmieniło zdanie w tej kwestii.

Biskupi polscy wystosowali swoje orędzie na przełomie listopada i grudnia 1965 roku, w trakcie kończącego się Soboru. Stosunki wzajemne Kościoła i państwa, od dawna napięte, weszły wówczas w fazę otwartego, ostrego konfliktu. I oto w tymże grudniu sześćdziesiątego piątego roku Leszek Kołakowski, ciągle jeszcze członek partii, publikuje esej, w którym oznajmia, że „osoba i nauki Jezusa Chrystusa nie mogą zostać usunięte z naszej kultury ani unicestwione, jeśli kultura ta ma istnieć i tworzyć się nadal". Zaskakujące słowa, jeśli zważyć na miejsce, w którym zostały wydrukowane – tygodnik „Argumenty", bądź co bądź organ Stowarzyszenia Ateistów i Wolnomyślicieli w Polsce!

Tak, to mogło budzić konsternację. Podobnie jak to, że prymas Wyszyński z aprobatą cytował mnie w jednym z kazań.

Michnik w swojej książce Kościół, lewica, dialog *zauważył, że twój esej i życzliwy komentarz Prymasa mogły stać się początkiem zbliżenia Kościoła i laickiej inteligencji. Ale tak się nie stało.*

Pisząc artykuł o Jezusie, próbowałem znaleźć punkt widzenia, który by nie był uwięziony w doraźnych sytuacjach wyznaniowych i politycznych. Chciałem pokazać to, co w postaci i naukach Jezusa może dostrzec człowiek świecki, który nie przyznaje się do wiary chrześcijańskiej w żadnej odmianie, do żadnych dogmatów i żadnej wspólnoty kościelnej, ale przyznaje się do tradycji, której chrześcijaństwo jest częścią niezbywalną. Dlatego też artykuł był między innymi krytyką prostackiego ateizmu, który roi sobie, że obecność chrześcijaństwa w dwudziestu stuleciach europejskiej kultury może zostać wymazana jako rzecz niebyła.

Ksiądz Prymas, jak się zdaje, uznał twoją próbę włączenia osoby Jezusa do kultury świeckiej za apel o obecność Kościoła w świecie. Od czego odżegnałeś się na łamach „Argumentów", pisząc, że obecność ta nie jest w stosunku do twoich potrzeb nikła, w szczególności obecność tej odmiany Kościoła, której duch wyznaniowego fanatyzmu nie chce opuścić.

Rzeczywiście, trudno było wtedy mówić o moim zbliżeniu do Kościoła katolickiego.

Powtarzałeś jednak coraz częściej, że losy chrześcijaństwa nie mogą być obojętne również dla tych, którzy sami stoją poza chrześcijaństwem, bo należy ono do tej samej historii i tej samej kultury, której wszyscy jesteśmy uczestnikami. Bliskie było ci chrześcijaństwo Erazma, erazmianizm.

Tak, Erazm jest mi bardzo bliski.

W gabinecie tuż przy drzwiach masz nawet rycinę, która Erazma przedstawia. Przedmowa, którą napisałeś do jego Podręcznika żołnierza Chrystusowego, *hierarchom katolickim chyba nie mogła się spodobać. Erazm jest w tym tekście pokazany jako symbol chrześcijaństwa, które chce się konstytuować jako moralna postawa i odrzuca lub unieważnia wartość zorganizowanych więzi kościelnych, godzi w wyznaniowy ekskluzywizm. W granicach religijności tak pojmowanej Kościół stawał się właściwie zbędny.*

Ale ani Erazm, ani ludzie, którzy jego myślą się przejęli, nie porzucali demonstracyjnie Kościoła rzymskiego i nie budowali separatystycznych wspólnot z własnym systemem dogmatycznym.

Czy Erazm występował przeciwko chrzczeniu niemowląt?

Nigdy tego wyraźnie nie oznajmił; sugerował tylko, że po osiągnięciu dojrzałości chrześcijanie powinni dobrowolnie potwierdzać obietnice chrztu, dawniej w ich imieniu złożone.

Mówiłeś nieraz, przypominam, rozmawiamy o latach sześćdziesiątych, że w twojej niechęci do katolicyzmu najważniejsze były motywy natury moralnej, w szczególności niechęć do okrucień-

stwa. A świadectwem największego okrucieństwa w wyobraźni katolickiej było dla ciebie nie piekło, ale niebo. Przypuszczenie, że Bóg może część ludzi zmuszać do tego, aby czuli się doskonale szczęśliwi, chociaż wiedzą, że inni, choćby najbliżsi im ludzie, znajdują się na dnie nieszczęścia – niebo i piekło na tym polega.

Rzeczywiście, w kontekście takiego wyobrażenia byłaby to świadomość nie do zniesienia. Ale dzisiaj o piekle i niebie myśli się inaczej.

XVIII

Jest październik 1966 roku, dziesiąta rocznica polskiego Października. Największa sala Wydziału Historii Uniwersytetu Warszawskiego pęka w szwach. Tłum szturmuje drzwi, ale sala więcej osób nie pomieści. Zaczynasz wygłaszać przemówienie, które przejdzie do historii: „Proszę towarzyszy, myślę, że powiedzenie, iż świętujemy dziesięciolecie Października, nie będzie dokładne, ponieważ nie świętujemy go w nastroju specjalnie świątecznym, nie mamy ochoty na odświętną wesołość...". Rzeczywiście, wesoło po twoim przemówieniu nie było. Jak do tego doszło, że je wygłosiłeś?

Adam Michnik, ówczesny student historii, zaprosił mnie w imieniu Zarządu Wydziałowego Związku Młodziczy Socjalistycznej na zebranie. Jego tematem miał być, o ile pamiętam, rozwój kultury polskiej w ostatnim dziesięcioleciu. Zgodziłem się coś tam nagadać, poprosiłem tylko, żeby przewodniczący ZMS oficjalnie się do mnie zgłosił. I on rzeczywiście przyszedł. A potem już działo się, co się działo. Muszę przyznać, że nie spodziewałem się aż takiego skandalu, choć wiedziałem, oczywiście, że skandal będzie.

Czy tekst swojego wystąpienia miałeś na piśmie?

Skądże, nie miałem żadnego pisanego tekstu, co najwyżej karteczkę, gdzie zanotowałem sobie parę punktów głównych. Sam tekst był więc improwizowany. Nagrali go ubecy siedzący na sali.

Jerzy Eisler w książce Polski rok 1968 *twierdzi, że na spotkaniu pojawiło się pięciu funkcjonariuszy, z których jeden, debiutujący w tej roli, był studentem matematyki na uniwersytecie. Eisler cytuje jego relację z wydarzenia, muszę przyznać, że to robi wrażenie, posłuchaj, proszę: „Do sali miałem wejść sam. W bramce stali organizatorzy: Adam Michnik, Janek Lityński i mój bliski kolega Jurek, który nie miał pojęcia o mojej pracy w SB. Wpuszczali za okazaniem legitymacji studenckiej albo pracownika UW. Ja miałem broń z przodu za pasem. W wewnętrznej kieszeni marynarki minifon z mikrofonem przyczepionym do krawata. Kiedy zbliżyłem się do wejścia, podniosłem przed siebie teczkę, tak trochę do góry, żeby zasłaniała pistolet. Było tłoczno. Udawałem, że się przepycham. Zawołałem do kolegi: Cześć, Jerzy. Wdałem się z nim w krótką rozmowę [...] Gdy znalazłem się w środku, czułem, jak pot leci mi po plecach i dalej po nogach aż do skarpet. Byłem cały mokry, chociaż w środku panował chłód. Przeszedłem na tył sali. Usiadłem na parapecie okna, nie dlatego, że chciałem sobie usiąść, tylko dlatego, że nie mogłem ustać. Nogi mi się trzęsły. Bałem się, że ktoś zauważy. Włączyłem mikrofon, chociaż jeszcze nie pojawił się Kołakowski. Jak wszedł, to zebrałem siły i ruszyłem do przodu. Wiedziałem, że z tak daleka jakość nagrania będzie zła. Krok po kroku przesuwałem się w kierunku mówcy..."*.

Tak, jakość nagrania była wyjątkowo marna, a ponieważ spisywała go później zapewne niezbyt rozgarnięta osoba, powstał momentami bełkot, co było fortunne dla moich kolegów, od których ubecja oczekiwała, że ustosunkują się do wywrotowych treści przeze mnie przekazywanych.

Jacek Bocheński, przesłuchiwany przez członków Biura Politycznego pod przewodnictwem Zenona Kliszki, stwierdził wręcz, że stenogram twojego wystąpienia, który mu pokazano, jest nieprawdziwy, bo Leszek Kołakowski nigdy nie mówi od rzeczy. Witold Wirpsza z kolei niezborność tekstu tłumaczył twoją nadmierną pobudliwością, spowodowaną nawrotem gruźlicy. Koledzy próbowali ci pomagać w rozmaity sposób. Niemniej to, co powiedziałeś, a raczej już samo to, że zdecydowałeś się to publicznie powiedzieć, było jak grom z jasnego nieba.

Nie mówiłem niczego wstrząsającego, powtarzałem rzeczy, o których wszyscy wiedzieli. Że Październik roku 1956 nie był początkiem, ale końcem odnowy życia społecznego, że nadzieje, które rozbudził, nie zostały spełnione, że żyjemy znowu bez perspektyw, w poczuciu stagnacji i niewiary, że nie mamy swobody krytyki i swobody informacji, że słowo „wolność" stało się podejrzane...

Mówiłeś też, że postulat przestrzegania prawa nie ma żadnej wartości tam, gdzie obowiązuje pseudoprawo, prawo nieokreślone, celowo mętne, wieloznaczne. Czy po twoim wystąpieniu odbyła się dyskusja?

Oczywiście.

I nie próbowano z tobą polemizować w zasadniczych kwestiach?
Partia nie wydelegowała na zebranie żadnych oponentów?

Powinna to była zrobić, ale nie zrobiła. Nie było tam towarzysza Kociołka, towarzysza Dobrosielskiego ani innych, którzy mogliby dać odpór wrogowi. Jeden tylko student mnie zaatakował, ale w małej sprawie. Powiedziałem, że produkujemy najgorsze na świecie samochody osobowe, co on uznał za demagogię i przypomniał, że eksportujemy do wielu krajów świata półciężarówki Żuk, które bardzo się tam podobają.

Podobno Adam Michnik i Mirosław Sawicki zgłosili w dyskusji projekty rezolucji domagających się wypuszczenia z więzień Jacka Kuronia i Karola Modzelewskiego.

Ja pamiętam, że po moim wystąpieniu ktoś, wydaje mi się, że Andrzej Duracz, przedstawił bardzo ostrą rezolucję i zaproponował, aby poddać ją pod głosowanie. Rezolucja uchodziła za szczególnie złowrogi akt wyzwania rzucony ustrojowi. Profesor Stanisław Herbst, przestraszony, prosił, żeby tego nie robić. Krzysztof Pomian zgodził się z Herbstem, studenci zgodzili się z Pomianem i w końcu daliśmy sobie z tą rezolucją spokój. Atmosfera i tak była bardzo napięta, bo władze, spodziewając się Bóg wie czego, zmobilizowały siły – milicyjne „suki" już czekały w pobliżu, a po Krakowskim Przedmieściu chodzili tam i powrotem dwaj członkowie Biura Politycznego partii nadzorujący opcrację. Do żadnych dramatycznych wydarzeń na szczęście nie doszło.

Ale miarka się przebrała i wyrzucono cię wreszcie z partii.

Najpierw przesłuchiwała mnie bezpieka na Rakowieckiej. Tak się złożyło, że następnego dnia po tym zebraniu na uniwersytecie spotkałem się w Ogrodzie Saskim ze Zbigniewem Brzezińskim. Oskarżono mnie, że przekazałem mu tam jakieś tajemnicze papiery. Bezpieka najprawdopodobniej uważała, że był to tekst mojego wystąpienia. Ale ja, oczywiście, nie byłem szalony, żeby dawać Brzezińskiemu cokolwiek na oczach tłumu ubeków, który wtedy się w parku kręcił. Oni jednak upierali się, że to zrobiłem, i pokazywali nawet jakieś fotografie jako dowód w sprawie. Prawda była taka, że Brzeziński podczas naszej rozmowy pokazał mi kartkę papieru z planem swoich zajęć w Polsce. Ubecy widzieli, jak oglądam tę kartkę, i uznali, że to ja mu coś przekazuję. Wkrótce potem zostałem wyrzucony z partii przez Centralną Komisję Kontroli Partyjnej, co mi się już sto razy należało, oczywiście.

I zaczęły się protesty przeciwko tej decyzji.

To wyglądało surrealistycznie. Najpierw ja sam napisałem odwołanie do komisji. Później przesłuchiwano moich kolegów, którzy domagali się, żeby partia zmieniła decyzję.

Pamiętam, jak Basia Łopieńska ogłosiła w „Res Publice" stenogramy tych przesłuchań. W sumie przykra lektura. Kilkunastu znanych pisarzy najwyraźniej upokorzonych i zmęczonych dwuznacznością sytuacji, w której się znaleźli. Bo przecież mieliście już tej partii naprawdę dosyć.

Tadzio Konwicki zapytany przez towarzysza Nowaka, czy zależy mu na partii, pierwszy odpowiedział to swoje słynne: „Szczerze mówiąc – nie". A potem był bal powieszonych.

Co takiego?

Zabawa, która się odbyła u Ireny Szymańskiej i Rysia Matuszewskiego. „Bal powieszonych" to było zapożyczenie od Sartre'a, chyba. Przy wejściu stał kosz na legitymacje partyjne, a ja pobierałem od gości odciski palców. Wisielczy humor skazańców...

Ale skazańca Kołakowskiego z pracy na razie nie wyrzucono?

Nie, ani z uniwersytetu, ani z Akademii Nauk. Rektorem był jeszcze wówczas Stanisław Turski, z którym nie miałem żadnych stosunków. Tak się jednak złożyło, że akurat byłem delegatem wydziału do senatu – fikcyjna właściwie funkcja – i on skrytykował mnie za wystąpienie w rocznicę Października. Wielu zresztą ludzi uważało, że coś bardzo głupiego zrobiłem, bo uczelnia może ucierpieć z powodu takich wyskoków.

To było jeszcze nic w porównaniu z tym, co nastąpiło w Marcu 1968.

Oczywiście, wtedy atmosfera była znacznie gorsza.

Co poczułeś, kiedy Centralna Komisja Kontroli Partyjnej podtrzymała swoją decyzję, kiedy definitywnie zostałeś z partii wyrzucony? Może przez chwilę zrobiło ci się żal?

Nie, miałem poczucie ulgi. Koniec tej fikcji.

Gomułka, jak wiadomo, nie znosił intelektualistów, ale wśród partyjnych dygnitarzy wysokiego szczebla nie brakowało takich,

którzy aspirowali do zaliczania się do elity i sami zabiegali
o kontakty w środowisku pisarzy, artystów, profesorów uniwer-
sytetu, dziennikarzy – chcieli wśród nich uchodzić za liberałów.
Takie wydarzenia jak list Kuronia i Modzelewskiego albo list
trzydziestu czterech w sprawie cenzury psuły sielankowy układ
towarzyski. Janusz Szpotański poświęcił temu wiersz, w któ-
rym i ty, Leszku, się pojawiasz.

Tak? Coś podobnego, nie przypominam sobie…

Wiersz ma tytuł Lament wysokiego dygnitarza *i jego boha-*
ter zwierza się w zaufaniu „drogiemu towarzyszowi", jak to
Gomułka swoją polityką przykręcania śruby psuje mu stosunki
z „lepszą sferą".

„I w jakim – proszę was, powiedzcie mi –
w jakim mnie on postawił położeniu!
Mnie, co do Kotta mówię: »Cher ami«,
a ze Słonimskim jestem po imieniu!

[…]

Ach, po cóż robić taki wrzask i szum,
jak byśmy byli zagrożeni?
A cóż mi zrobi literatów tłum,
kiedy ja nagan mam w kieszeni?

[…]

Przez ośli upór towarzysza G.
w kabałę niebywałą wpadam!

Spotykam Leszka, wołam: »Leszku, cześć!«,
a on mi, proszę was, nie odpowiada!"

„Liberalni" aparatczycy partyjni to oddzielny rozdział, który wtedy właśnie się kończył. Już od dawna wiadomo było, że „liberałowie" nie mają odwagi ani zdolności, ani nawet ochoty do prowadzenia jakiejkolwiek walki solidarnej w imię jakichkolwiek zasad. Marzec 1968 roku ostatecznie pogrzebał nadzieje pokładane w „zdrowych siłach" partii.

Masz swoją teorię na temat Marca?

Wiem, co wszyscy wiedzą. Jak Gomułka po wojnie sześciodniowej wygłosił swoje przemówienie na kongresie związków zawodowych, już tam była mowa o „piątej kolumnie". Te fragmenty zostały pominięte w drukowanym tekście, ale całość przemówienia transmitowano przez radio i telewizję. Wszyscy słyszeli, co on powiedział: i o „piątej kolumnie", jak nazwał Żydów w Polsce, i o dwóch ojczyznach – że trzeba się zdecydować, jaką się ma ojczyznę, bo dwóch naraz mieć nie można. I na to Słonimski odpowiedział: „Dobrze, niech będzie jedna ojczyzna. Tylko dlaczego Egipt?". Gomułka był podobno bardzo zły, że Polacy wzięli stronę Żydów w wojnie na Bliskim Wschodzie. Tak rzeczywiście było. Mówiono na ulicy: nasze Żydki biją ich Arabów... Wiadomo, kogo Związek Radziecki popierał. Ale impuls antysemicki został przekazany i Moczarowska ferajna wzięła się do roboty. A do tego zaczęły się studenckie rozruchy.

Antysemityzm w rozgrywkach partyjnych pojawiał się już w połowie lat pięćdziesiątych. Pamiętasz swój tekst Antysemici. Pięć tez nienowych i przestroga? *Opublikowałeś go w dziesiątą rocznicę pogromu kieleckiego na łamach tygodnika „Po prostu".*

Nie miałem świadomości, że to ukazało się w rocznicę pogromu. Pamiętam, że do „Po prostu" nadeszła wtedy masowa poczta pełna nienawiści do mnie. Nie czytałem tych listów, mówili mi o nich ludzie z redakcji.

Pisałeś w tamtym szkicu, że antysemityzm nie jest w ogóle poglądem – każdy pogląd może być przedmiotem krytyki – jest co najwyżej pozorną artykulacją słowną irracjonalnych stanów, którym nie trzeba uzasadnienia. Ale ten antysemicki irracjonalizm próbowano nieraz podtrzymać w społeczeństwie racjonalnie, na przykład po to, by odwrócić uwagę ludzi od rzeczywistych źródeł niepowodzeń, jakie ich dotykają, i skupić tę uwagę na celach urojonych. Jak to właściwie jest z polskim antysemityzmem?

Miałem dwóch kolegów Żydów, którzy tę sprawę badali historycznie. Jednym z nich był Marek Margulies – pisywał pod pseudonimem Marek Margul. Spotkałem go po latach w Brazylii, gdzie się osiedlił. A drugi to Kuba Goldberg mieszkający w Izraelu, pamiętam, że w Polsce chodziliśmy razem na jakieś seminaria. Obaj oni podkreślali dobre strony stosunków polsko-żydowskich. W historii Polski nie było czegoś takiego jak systematyczne prześladowanie Żydów. Żydzi mieli tutaj w dawnych latach pewną autonomię, swój samorząd, nie doświadczali szykan w latach przed zaborami. Nawiasem mówiąc, Margul opowiadał mi ciekawą historię... Pamiętasz może, że Arthur Koestler wydał swego czasu książkę pod tytułem *Trzynaste plemię*. Próbował w niej udowodnić, że Żydzi w środkowej Europie, w Polsce, w Rosji, to nie byli Żydzi z Palestyny dawnej, tylko Chazarowie, potomkowie Chazarów, plemienia, które gdzieś w okolicach dolnej Wołgi istniało, ale później rozpłynęło się, znikło. Ci Chazarowie wyznawali judaizm. Marek Margul mówił mi, że to on właśnie wysunął taką hipotezę w swojej książce drukowanej po portugalsku. Książka ta miała zostać przełożona na angielski i wydana w Anglii, co jednak nigdy nie nastąpiło, bo posłano ją do recenzji Koestlerowi. Koestler książkę Margula zdyskwalifikował, po czym wziął z niej prawie wszystko do książki własnej... Pytałem różnych ludzi znających się na rzeczy i wszyscy uważali tę hipotezę z Chazarami za fantazję. Nawet z punktu widzenia lingwistycznego. Mój przyjaciel, który jest w Ameryce od bardzo dawna, specjalista od jidysz, językoznawca Ed Stankiewicz mówił, że to jest nonsens, bo było oczywiste, że język tamtych środkowoeuropejskich Żydów był wzięty z zachodu, od Żydów niemieckich, a nie ze wschodu. Jest to więc fikcja Koestlera czy też Margula, mniejsza o to.

Opowiadałeś o rozmaitych przejawach antysemityzmu, których byłeś świadkiem w dzieciństwie i wczesnej młodości.

Oczywiście, antysemityzm istniał w Polsce przed wojną, zwłaszcza w ostatnich latach przed wojną, i po śmierci marszałka Piłsudskiego bardzo był widoczny. Żydów traktowano jak inny naród, co miało pewne uzasadnienie. Chociaż istniała inteligencja pochodzenia żydowskiego, a wśród niej bardzo wielu ludzi wybitnych, o czym nie muszę przypominać, większość Żydów to byli „chałaciarze", jak ich pogardliwie nazywano, ludzie, którzy mówili innym językiem, ubierali się inaczej, inną religię wyznawali – w naturalny sposób tratowano więc ich jak inny naród, inne plemię. Z czego, oczywiście, nie wynika, że musiała być wobec nich wrogość. Można przecież współżyć z innym plemieniem, nie odnosząc się do niego wrogo. No, ale w tej naszej relacji z Żydami jest cały splot przyczyn, o których nie chcę wyrokować, bo to jest zawiła historia, straszna historia.

Istniały w nas, Polakach, pokłady wrogości nie tylko wobec Żydów.

A jednak jest coś innego w naszej wrogości do nich, coś zupełnie innego niż we wrogości do innych narodów. Były przecież u nas dość znaczne pokłady wrogości wobec Niemców, które, naturalnie, w czasie wojny rozrosły się ogromnie. Były też takie pokłady wrogości wobec Rosjan, nie tak powszechne, ale były. Ja nie mam zupełnie antyrosyjskiego zaplecza wychowawczego, nie spotykałem się w swoim środowisku z żadnymi uprzedzeniami tego rodzaju. W starszych pokoleniach ludzie chodzili jeszcze do szkół rosyjskich, umieli po rosyjsku, lubili rosyjską literaturę, jeśli byli wykształceni. Wrogość i nienawiść do Rosjan mają, oczywiście, historyczne wytłumaczenie... Ale antysemityzm to było w ogóle coś innego, coś, czego nie daje się z tamtymi niechęciami porównać. Chodziło o stosunek do obcego plemienia, które wśród nas żyło. Żyło wśród nas, ale odległość do niego była większa – przez język, przez religię, przez zwyczaje życia codziennego – większa niż do innych plemion poza granicami. Większa niż do Ukraińców na przykład, chociaż historia naszych stosunków z Ukraińcami była okropna, krwawa, pełna mordów wzajemnych.

Żydzi nas nie mordowali...

Tak, Żydzi nas nie mordowali, ale nienawiść do nich istniała. Nienawiść i to podejrzenie, że Żyd czyha na nas bez przerwy. Ja jeszcze ciągle nie potrafię dobrze zdać sprawy z polskiego antysemityzmu. To jest ciągle sprawa polska i ciągle sprawa żywa, chociaż Żydów już nie ma... Nie jest tak, że cała Polska to żydożerczy kołtuni, oczywiście, że nie. Prawdopodobnie nawet ci, którzy mają do Żydów wrogie nastawienie, jakoś się go wstydzą, nie lubią się z nim ujawniać.

W Marcu 1968 nie musieli się krępować.

Cóż, przyzwolenie przyszło z góry. Gomułka powiedział, co powiedział. I chłopcy Moczara skorzystali z okazji. Nagonka na Żydów to była szansa zdobycia posad, wielu posad – w wojsku, w propagandzie, w prasie, w aparacie partyjnym. Wszędzie tam wyszukiwano parszywych Żydków, żeby ich wypędzać.

Do dzisiaj mam gdzieś w domu ubecką ulotkę z plugawym wierszem o „Michnikach i Szlajferach".

Tak, pisanie nazwisk w liczbie mnogiej to była jedna z osobliwości propagandy marcowej.

> *„Rzekł tak mądrze ktoś niedawno*
> *O piątej kolumnie,*
> *A Polacy w Żydów ślepią,*
> *Bo jak zwykle durnie.*

Dalej, bracie, karabele
Każdy w dłonie chwyta.
Żyda za pejs i za morze –
Rada znakomita".

Pytanie wciąż od nowa stawiane: czy kampania antysemicka
znajdowała tak naprawdę poparcie w społeczeństwie i jak to
poparcie było duże, jeśli w ogóle było?

Nie mam pojęcia, jak można by to mierzyć. Nie robiono
przecież sondaży społecznych na ten temat. Z objawami
antysemityzmu wypuszczonego z klatki przez władze łatwo
było się spotkać, ale czy były one masowe, nie umiałbym
powiedzieć.

Kiedy ogląda się stare kroniki filmowe z sześćdziesiątego ósmego
roku, można zobaczyć wiece, na których „klasa robotnicza" po-
tępiała „syjonistów wszelkiej maści". Twarze robotników trzy-
mających transparenty dają do myślenia.

Nie są to twarze entuzjastów, chcesz powiedzieć?

Entuzjastów z pewnością nie. Raczej ludzi zawstydzonych,
może wręcz upokorzonych. Entuzjastów widać za to na
zebraniach komitetów partyjnych. Pamiętam, jak z okazji
trzydziestej rocznicy wydarzeń marcowych prezydent Alek-
sander Kwaśniewski, wręczając Ordery Orła Białego Kuro-
niowi i Modzelewskiemu, powiedział, że z powodu Marca
jest mu „wstyd za Polskę". Powinien chyba powiedzieć, że
mu wstyd za partię, do której należał i z której po Marcu nie
wystąpił.

Nie zapamiętałem tego epizodu. Ale masz rację, to nie było ze strony Kwaśniewskiego dobre. Trzeba jednak pamiętać, że antyżydowskie hasła miały też nie najgorsze poparcie poza partią.

Czy pamiętasz z tamtego czasu drastyczne sytuacje, kiedy ludzie uchodzący za przyzwoitych nagle pokazywali swoje inne oblicze, co zmuszało do zerwania z nimi stosunków?

Na pewno były takie duchowe przemiany wśród niektórych ludzi. Ale to się nie zdarzyło nikomu z moich przyjaciół czy znajomych bliskich. Ci, którzy pokazywali swoją świńską mordę, już ją mieli przedtem najczęściej, więc nie było to nic zaskakującego.

Czy w Marcu miałeś poczucie fizycznego zagrożenia?

Pamiętam, że ostatniego dnia lutego, kiedy w Związku Literatów przyjmowaliśmy rezolucję przeciwko zdjęciu z afisza *Dziadów* Mickiewicza, zebranie nasze zostało zamknięte przez Wandę Żółkiewską, która była przerażona, bo kamienicę otoczyły bojówki ubeckie – tak zwany aktyw robotniczy. Ten aktyw, oczywiście, słuchał pilnie naszych debat, jak się domyślasz... Wiedzieliśmy, że nas otoczyli i mogą nas pobić dotkliwie, ale tak się nie stało. Niemniej przez jakiś czas studenci odprowadzali mnie po zajęciach z uniwersytetu do domu. Możliwe było, że zostanę napadnięty, tak jak napadnięto i pobito Stefana Kisielewskiego.

Ósmego marca na dziedzińcu Uniwersytetu Warszawskiego aktyw robotniczy w baranich czapkach i jesionkach w jodełkę naprawdę zabrał się do bicia.

Byłem tam wtedy. Widziałem, jak wyłapywali wychodzących studentów. Jurek Jedlicki krzyczał, gdy jakąś dziewczynę szarpali: „Nie za włosy! Nie za włosy!". Przeraźliwie krzyczał. Następnego dnia na Krakowskim Przedmieściu pałowani przez milicjantów w długich płaszczach ludzie skandowali: „Gestapo! Gestapo!". Szliśmy wtedy z Krzysiem Pomianem na wydział.

Czy to, co działo się w Marcu, kojarzyło ci się z faszyzmem?

Nie używałem takiego określenia. Istniały oczywiste podobieństwa, ale nigdy nie przybrało to takich rozmiarów. Nie było przecież bojówek w brunatnych mundurach, które by maszerowały dziarsko po ulicach, wybijając szyby w sklepach żydowskich. U nas już nie było sklepów żydowskich, więc nie było skąd wybijać szyb. Ale szczucie było. Ohydne szczucie w prasie, w radiu, w telewizji. Język, którym szkalowano ludzi, był odrażający. To był język nagonki prowadzonej tak, by zmusić Żydów do wyjazdu, co też się stało. Nie wiem, ilu ich wyjechało wtedy ostatecznie. Mówiono mi, że około dwunastu tysięcy. Te informacje pochodzą z ambasady holenderskiej, która załatwiała wyjeżdżającym papiery, wizy. Oni mieli paszporty w jedną stronę, mogli jechać tylko do Izraela, choć oczywiście nie wszyscy tam pojechali. Wyjątkowo parszywy był to czas, parszywa atmosfera. „Rok zarazy", jak mówiła Irena Krońska.

XIX

Dziewiętnastego marca, przemawiając w Sali Kongresowej, Gomułka wskazał odpowiedzialnych za marcowe zajścia na wyższych uczelniach – „w istocie rzeczy nieliczną, lecz skoncentrowaną na kilku wydziałach humanistycznych Uniwersytetu Warszawskiego grupę pracowników naukowych". Czy pomyślałeś, że wyrzucą cię z uczelni?

Na to się zanosiło.

Gomułka jak zwykle nie przebierał w słowach. Nazwał cię „duchowym inicjatorem wichrzycielskich poczynań" i wyjawił, że świadomie, z premedytacją sączyłeś wrogie poglądy polityczne w umysły powierzonej twojej pieczy młodzieży.

Przez dwadzieścia cztery godziny na dobę byłem już wtedy pod okiem bezpieki. Gdziekolwiek wychodziłem, na przykład do fryzjera, szli za mną. No i stali pod domem na Senatorskiej. Widziałem ich, nie ukrywali się zresztą. Jak wyjeżdżałem samochodem, ich samochód jechał z tyłu. Kiedy pojechaliśmy z Tamarą na krótkie wakacje do Gawrychrudy, ruszyli za nami, oczywiście, ale na granicy województwa warszawskiego zatrzymali się i zawrócili.

Młodym ludziom, dla których rok sześćdziesiąty ósmy to czas prehistoryczny, należałoby wyjaśnić, dlaczego nie mogłeś odpowiedzieć na zarzuty Gomułki publicznie.

Zakaz druku to była wówczas rzecz zwyczajna.

Ty zostałeś objęty tak zwanym podmiotowym zapisem cenzury. Prawdę mówiąc, obowiązywał on chyba już grubo przed Marcem. Wprawdzie w styczniu sześćdziesiątego ósmego roku w „Argumentach" ukazał się jeszcze twój tekst o Rozumie i rewolucji *Herberta Marcusego, ale podpisany był tylko inicjałami. A rok wcześniej wyszedł dziesiąty tom* Wielkiej encyklopedii powszechnej, *do którego napisałeś hasło o Spinozie.*

I to hasło puścili. Ale z encyklopedią już była awantura wielka. Moczarowcy podnieśli raban, że hasło o obozach hitlerowskich jest nie w porządku, bo za dużo się tam mówi o Żydach. Z komitetu redakcyjnego wyrzucono wiele osób i to hasło wydrukowano na oddzielnych stronach już w poprawnej wersji. Po śmierci Stalina, kiedy nowi władcy zgładzili Berię, prenumeratorom „Wielkiej encyklopedii radzieckiej" polecono, aby za pomocą żyletki wycięli wskazane strony jednego z poprzednich tomów i wkleili na ich miejsce nowe strony podane w załączeniu – zamiast artykułu o Berii znajdowały się tam fotografie z Morza Beringa.

U nas o wycinaniu żyletką nie wspomniano.

To prawda. Ukazał się za to suplement, w którym poprawiono hasła napisane przez Żydów.

Serio?

Oczywiście, na przykład mój znajomy Mieczysław Maneli był autorem wielu haseł tej encyklopedii, które w suplemencie napisano od nowa.

W jaki sposób dowiedziałeś się, że tracisz pracę?

Przyszli do mnie do domu dwaj urzędnicy Ministerstwa Szkół Wyższych i oznajmili, że zostałem usunięty z uczelni. Chyba już od razu dali mi pismo w tej sprawie.

Kto je podpisał?

Henryk Jabłoński, ówczesny minister nauki i szkół wyższych. Usunięto sześć osób, oprócz mnie wylecieli Bronek Baczko, Zygmunt Bauman, Stefan Morawski, Marysia Bielińska i Włodek Brus.

Miałeś jeszcze status samodzielnego pracownika PAN.

Tak, to miałem. Z PAN wziąłem urlop przed wyjazdem do Kanady. Po dwóch latach dostałem pismo, które podpisał Jan Szczepański: „W związku z faktem, że obywatel nie zgłosił się do pracy wtedy, kiedy miał się zgłosić, zostaje obywatel usunięty". Czysto biurokratyczna formalność.

Pierwsza myśl o wyjeździe?

Z początku nie zamierzałem wyjeżdżać. Pomyślałem o tym dopiero po jakimś czasie, kiedy usłyszałem, że zaproszą mnie na uniwersytet McGill w Montrealu. Chcieli, żebym tam przyjechał jako *visiting professor* na rok. W Polsce nie mogłem już ani publikować, ani wykładać, nic nie miałem do roboty. Więc powiedzieliśmy sobie, że wyjedziemy na rok, jeśli, oczywiście, dadzą nam paszporty wszystkim, to znaczy i mnie, i Tamarze, i Agnieszce, która już chodziła do szkoły. Była wtedy w trzeciej klasie i nie bardzo wiedziała, co się dzieje, chociaż trochę jej tłumaczyliśmy. Kiedy już dostałem oficjalne pismo z zaproszeniem, powiedziałem: dobrze, pojedziemy na rok, może to się przedłuży na dwa lata. No i przedłużyło się na prawie czterdzieści.

W każdym razie nie jechałeś na emigrację.

Nigdy nie czułem się emigrantem. Oczywiście, po iluś tam latach przestano przedłużać mi paszport polski, wobec czego przebywałem za granicą nielegalnie. Poprosiłem wtedy najpierw o paszport bezpaństwowy, a potem o paszport brytyjski. Kiedy już go miałem, mogłem jeździć po świecie swobodnie, bo z paszportem polskim miałem bezustanne kłopoty. Pamiętam te godziny wystawania w kolejkach do konsulatów. Do Francji, jak się jechało, trzeba było wypełnić pięć egzemplarzy długiego kwestionariusza na każdą osobę. A w Stanach Zjednoczonych podpadałem pod ustawę nie pozwalającą tam wpuszczać osób, które były członkami partii hitlerowskiej, które należały do partii komunistycznej, które uprawiały prostytucję i które zajmowały się sutenerstwem. Więc za każdym razem, aby uzyskać tak zwane uchylenie tej ustawy, musiałem podpisywać dokument, że nie byłem członkiem partii hitlerowskiej, nie uprawiałem prostytucji, nie zajmowałem się sutenerstwem, ale należałem do partii komunistycznej. Potem było jeszcze przesłuchanie...

Kiedy dostaliście paszporty brytyjskie?

Chyba dopiero w osiemdziesiątym pierwszym czy w osiemdziesiątym drugim roku.

Zanim wyjechaliście z Warszawy, żegnaliście innych wyjeżdżających.

Tak, to był rok pożegnań. Bardzo dobrze pamiętam te pożegnania ze znajomymi na Dworcu Gdańskim. Józek Kuśmierek, znany reportażysta, krzyczał głośno na peronie, tak by wszyscy go słyszeli: „Gdzie ten pociąg do Treblinki?! Gdzie ten pociąg do Treblinki?!". Wielu moich przyjaciół i kolegów wyjechało wtedy. Wszyscy wyrzuceni wraz ze mną z uniwersytetu, oprócz Stefana Morawskiego, wyjechali wtedy lub nieco później i wylądowali w różnych miejscach. Wyjechał też na przykład Olek Abramowicz, lekarz – po latach spotkałem go w Kanadzie, byliśmy nad Niagarą. Zygmunt Bauman, który jakiś czas spędził w Izraelu rzeczywiście, nauczył się hebrajskiego i wykładał, potem przyjechał do Leeds. Janek Jarosławski znalazł się koło Bremen i do tej pory tam mieszka. Emil Adler, germanista, umarł w Getyndze. Mietek Orlański, redaktor Książki i Wiedzy, i tylu innych. Dużo było też młodszych, na przykład Rapaczyński.

Szybko wyjeżdżali...

Szybko, bo atmosfera była taka, że ludzie mogli, a nawet musieli się bać. Pozbawieni pracy albo możliwości studiowania, nie mieli już swojego przydziału w życiu. Czystki, które przeprowadzano, były zresztą nie tylko antysemickie, bo wyrzucano też ludzi na innej podstawie. To były czystki polityczne.

Ale powstał stereotyp do dzisiaj mocno w mentalności społecznej zakorzeniony, że kto po Marcu wyjechał, ten był Żydem. To i ciebie dotknęło, oczywiście. Pamiętam, że w Londynie opowiadano mi o dochodzeniu, które jacyś ludzie z polonijnych środowisk przeprowadzali, żeby wykazać twoje pochodzenie żydowskie. I bardzo byli zdumieni, że to się im nie powiodło. Wprost nie mogli się nadziwić…

Że Polak tak niepatriotycznie pisze?

Albo że jest taki mądry po prostu. Coś im w każdym razie się nie zgadzało. A w Polsce wiele razy słyszałem, że ukrywasz swoje rzekome żydostwo. Na Żoliborzu w Warszawie poznałem kiedyś antykwariusza, który był oszalałym antysemitą. Wdałem się z nim w dyskusję, kupując jedną z twoich książek. Twierdził, że zmieniłeś nazwisko i wyparłeś się swoich korzeni, on to po prostu wie, bo badał sprawę… Później dowiedziałem się, co było inną jego pasją poza tropieniem Żydów. Wyobraź sobie, że trenował judo i miał nawet czarny pas.

Coś podobnego!

Wróćmy do okoliczności twojego wyjazdu. Kiedy właściwie wyjechaliście?

Ostatniego dnia listopada 1968.

A więc już po inwazji na Czechosłowację.

Oczywiście. Podczas inwazji byliśmy na wakacjach, w Tleniu, w Borach Tucholskich. W pewnym momencie wpadł do nas student Staszek Matwin i powiedział, że wojska wkroczyły do Czechosłowacji. Pierwsza myśl wtedy to pojechać po benzynę, żebyśmy mieli jak wrócić do Warszawy. Stacja benzynowa była na szczęście otwarta. Wzięliśmy cały bak i wróciliśmy. Atmosfera była przygnębiająca, ale nie mogliśmy nic zrobić, nie braliśmy udziału w żadnych akcjach, zresztą prawie ich nie było. Środowiska opozycyjne zostały rozbite i zgniecione. Andrzejewski napisał list otwarty do Eduarda Goldstückera, prezesa Związku Pisarzy Czechosłowackich. Pisał o poczuciu wstydu, który odczuwaliśmy, bo to był okropny wstyd, że polskie wojsko bierze udział w pacyfikacji.

Marian Hemar pisał w Londynie:

„Wyprowadzili żołnierza
Na to czeskie Psie Pole
Z nowym hasłem:
Za waszą i naszą niewolę".

Były jakieś akcje ulotkowe wśród studentów, ale zaraz zaczęły się aresztowania. Poczucie bezsilności stawało się powszechne.

W szkicu biograficznym, który często cytowany jest jako źródło informacji na twój temat, znalazłem takie zdania: „Wiadomo, że Leszkowi Kołakowskiemu udzielono zezwolenia na wyjazd pod oficjalnym pretekstem dwuletniego urlopu zagranicznego dla celów naukowych i że uzyskanie tego zezwolenia nie było łatwe".

To jest prawda.

A dalej: „Jak podano skądinąd i zostało to potwierdzone przez Leopolda Łabędzia, raz udzieliwszy Kołakowskiemu paszportu, władze odebrały go i dopiero na energiczną interwencję poważnych osób – nomina sunt odiosa – *paszport zwrócono, tak że Kołakowski mógł opuścić kraj".*

To też prawda, że odebrano nam paszporty, które już mieliśmy. Ale o żadnych interwencjach w tej sprawie nie słyszałem, nie wiem, kto miałby interweniować. W pewnym momencie powiedziano nam, że termin wyjazdu musimy trochę przesunąć. A potem dowiedzieliśmy się, że nie możemy wyjechać, bo nasze paszporty straciły ważność i musimy je oddać. Interweniowałem w tej sprawie na Kruczej, nie pamiętam, co to był za urząd.

Wydział paszportowy dla Śródmieścia zapewne.

Zażądałem tam wyjaśnień, których, oczywiście, mi nie udzielono. Potem napisałem list do premiera. Długi czas nic się nie działo, aż w końcu zwrócono nam paszporty.

„Der Spiegel" pisał, że prowadzono z wami wojnę nerwów i że drogę do Kanady otworzył ci dopiero nowy zwrot w polityce wewnętrznej. Paszporty wydano wam bezpośrednio potem, jak Moczar, który w lipcu zrezygnował ze stanowiska ministra spraw wewnętrznych, przegrał na zjeździe partii z Gomułką.

*„Der Spiegel" uważał, że Gomułka nie chciał zatrzymywać was
na siłę w kraju, bo na swój sposób cię szanował czy nawet lubił.*

To już absolutny nonsens. Kisiel mówił, że Gomułka wpadał w furię, jak tylko usłyszał moje nazwisko. Krzyczał wtedy, wygrażał pięściami…

*Tak, pamiętam ten jego słynny gest, kiedy podnosił zaciśnięty
kułak, wywijał nim nad głową i gwałtownie opuszczał, jak
gdyby miażdżąc niewidzialnego przeciwnika. Dla ludzi młodych i bardzo młodych kroniki filmowe, na których widać, jak
Gomułka przemawia, to dzisiaj czysty kabaret. Zespoły rockowe czasami nawet wykorzystują fragmenty tych przemówień
w swoich utworach.*

Rozumiem to, oczywiście. Dopiero co oglądaliśmy z kasety film Marii Zmarz-Koczanowicz o emigrantach żydowskich z sześćdziesiątego ósmego roku. Tam jako przerywnik
pojawiają się fragmenty przemówienia Gomułki z Marca
i z jednej strony to budzi grozę, bo widać, że to dyktator
rozwścieczony, a z drugiej – jakoś jest śmieszne bardzo.

*W pewnym sensie kabaretowy był także Hitler. Ta jego ekspresja
była parodiowana później.*

Owszem, pamiętam.

Ale ze Stalinem już było inaczej.

Stalin nigdy nie był śmieszny. Czasami wprawdzie uśmiechał się łagodnie fotografowany przy jakichś okazjach, ale to co innego. Stalin był złowrogi. Złowroga była jego postać – niski wzrost, ukrywany przez towarzyszy, i jedna ręka sucha… Opowiadał mi Max Hayward, nasz przyjaciel nieżyjący, rusycysta, jak zobaczył Stalina na Kremlu. Max pracował kiedyś w ambasadzie brytyjskiej i pojechał tam jako tłumacz ambasadora czy innego dygnitarza brytyjskiego. On sam miał jedną rękę uschniętą i kiedy zobaczył – o czym nic nie wiedział wcześniej – że i Stalin ma taki niedowład, był tym widokiem wprost sparaliżowany. Wydawało się, że nie będzie w stanie tłumaczyć, bo z początku nie mógł nawet słowa z siebie wydobyć, chociaż po rosyjsku mówił przecież jak Rosjanin.

Niesamowita scena.

Tak, pamiętam, jak Max się tym przejął. On później tłumaczył na angielski *Doktora Żywago* Pasternaka.

A więc wyjechaliście i, jak mówili wasi znajomi, którzy zostali, w Warszawie zrobiło się pusto. Karol Modzelewski pisał po latach, że wyjazd twój i twoich kolegów był stratą nie do nadrobienia. „Ciągłość została przerwana i powstała nieusuwalna, dotkliwa luka w krajobrazie polskiej kultury".

Nie mnie to oceniać.

Jestem kilka lat młodszy od pokolenia marcowego, ale kiedy zaczynałem studiować, legenda o filozofie, który w Warszawie lat sześćdziesiątych „bezspornie rządził duszami", jakoś na mnie oddziaływała.

Co zacząłeś studiować?

*Polonistykę. Pamiętam, że rok akademicki 1972 ledwo się roz-
począł, a już na wydziale rozniosła się sensacyjna wiadomość:
nowe zajęcia – z filozofii – prowadzić ma z nami Kołakowski!
Sprawdziłem na tablicy ogłoszeń. Rzeczywiście. Znane, głównie
z Wolnej Europy, nazwisko wpisane było w grafik. „Czy to ten?"
– zapytał mnie kolega. „Zwariowałeś! Oczywiście, że nie ten"
– odpowiedziałem z wyższością. Zajęcia poprowadził Andrzej
Kołakowski, człowiek czynny w partii. Ale nie przejmował się
partyjną klątwą, którą na ciebie rzucono. Bo już pierwszą lekturą, jaką nam zalecił, był twój esej.*

Co to było?

*Etyka bez kodeksu. Pamiętam zaskakujące zdania o tym, że
są czynności, które częściowo nie dają się wykonać – niepodobna
częściowo wyskoczyć z pędzącego pociągu ani częściowo umrzeć,
niepodobna też częściowo zaakceptować świata, bo świat jest dla
każdego propozycją alternatywną, wolno go przyjąć w całości
lub w całości odrzucić. Tak oto dzięki Kołakowskiemu zacząłem
czytać Kołakowskiego. Pierwsza lektura i pierwsze zaskoczenie.
Pytałeś o sens życia, a ja wyobrażałem sobie, że filozof dowodzi,
iż takie pytania są niegodne filozofu, bo są „źle postawione", po-
zorne. Bardzo lubiłem za pomocą tej formuły gnębić przeciwników w dyskusjach. „To powiedz pan, jak żyć?" – tak pytał Kon-
wickiego Himilsbach w znanej anegdocie. I wszyscy pokładali
się ze śmiechu. A ty pytałeś serio, byłeś serio.*

No proszę, a ja tyle razy powtarzałem, że zawód błazna jest
mi bliższy niż zawód kapłana.

*Leszku, mówiłeś, że życie ludzkie nie jest przypadkowym ru-
chem przypadkowo ożywionego kawałka materii, że jest wędrowaniem, wędrowaniem, które ma swój cel. Rozmawiamy już
długo o twoim życiu, ale na razie daleko nam nawet do połowy
tej wędrówki. Zgódź się, proszę, żebyśmy, po przerwie, mogli
znowu ruszyć w drogę. I nie mówmy, za Dostojewskim, że to
będzie nowa historia, podczas kiedy ta jest już skończona. Nie
jest skończona i, jeśli pozwolisz, do wielu jej wątków będziemy
powracać.*

Kiedyśmy wyjeżdżali z Polski ostatniego dnia listopada 1968
roku, nie mieliśmy żadnych planów na przyszłość. Reszta
potoczyła się jakby sama, bez naszych starań. Teraz jest to
trzydzieści dziewięć lat, połowa mego życia. Objechaliśmy
różne strony świata. Czy dobrze uczyniliśmy, nie wracając
do Polski po roku albo dwóch, czy owo życie podróżnicze
było lepsze i pod jakim względem? Jak we wszystkich ludzkich sprawach, nie ma jednoznacznej odpowiedzi, najwyżej
mgliste przeczucia w jedną lub drugą stronę idące.

INDEKS OSÓB

SPIS TREŚCI

Społeczny Instytut Wydawniczy Znak,
ul. Kościuszki 37, 30-105 Kraków. Wydanie I, 2007.
Druk: Drukarnia Colonel, ul. Dąbrowskiego 16, Kraków.